U0106243

工夫茶

民俗探源

蔡漢武 著

中華書局

目錄

第三章 工夫茶的傳播及各地特色

第四章 結語

附錄

2018 年 7 月，攝於潮汕文化研究學者陳香白的寓所。
（左：陳香白，右：作者蔡漢武）

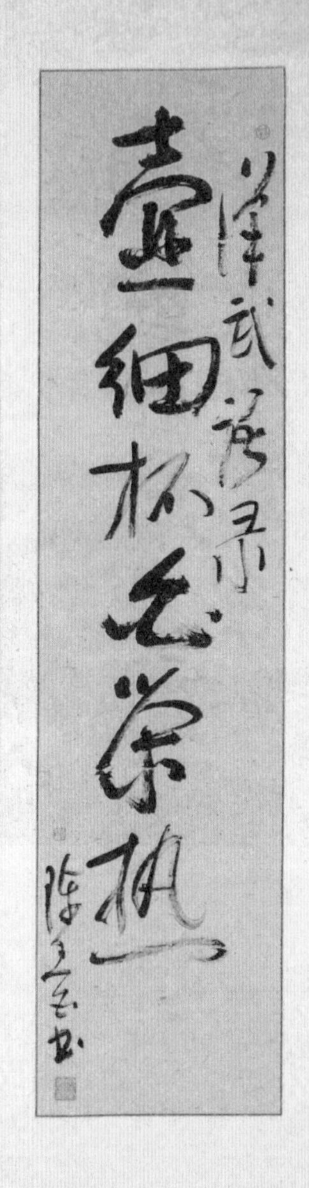

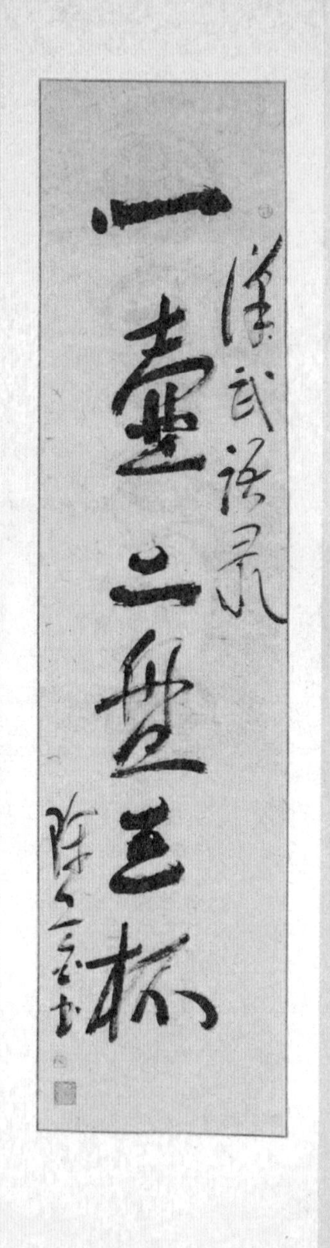

陳香白所書的掛軸，分別寫有：「茶心唯重道，和氣可成祥。」「一壺二盤三杯，壺細杯白茶熱。」

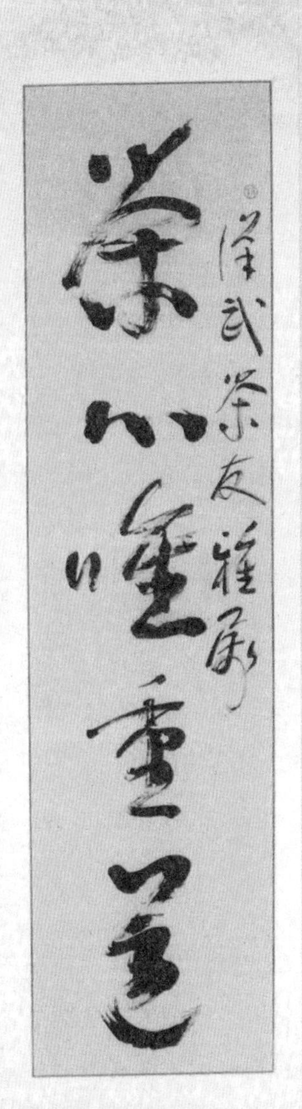

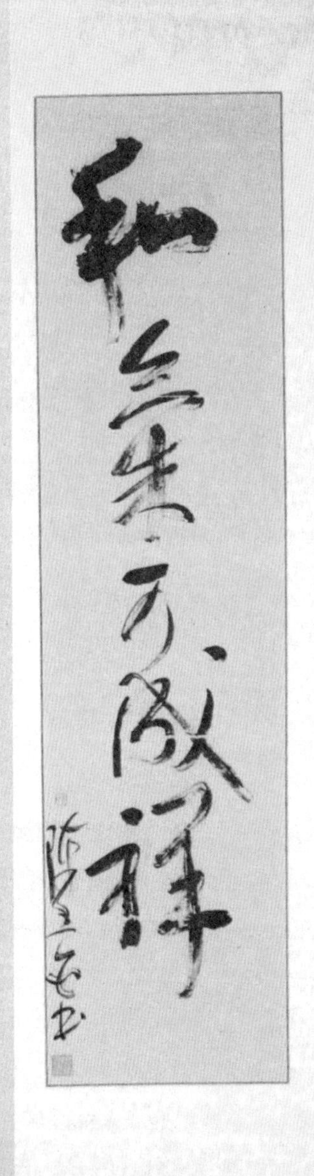

序

幼時我在鄉間，常隨祖父及長輩飲茶，佐以潮州糕點，樂也融融。事隔多年，仍然記憶猶新。時至今日，嗜茶成為習慣，不過由於生活忙碌，不甚講究而已。近年雖對潮汕文化多所關注，但到底「潮州工夫茶」應否寫成「潮州功夫茶」，下筆時每感疑惑，卻未加以判斷。

蔡漢武君在新亞研究所修習碩士課程，倏忽已經四年，除選讀我任教的多個科目外，還由我指導他撰寫碩士論文。每晚下課後，二人同路乘坐巴士回家，暢所欲言，而漢武的話題，總多圍繞着沖茶方法、用具和茶藝等等，時有精闢見解，使我得益不少。教學相長，亦師亦友，雖云早有領悟，於我從浸會大學退休之後，猶有此切身體驗，誠屬難能可貴。

年前漢武與我討論撰寫論文事宜，我建議他以工夫茶為課題，搜集古今文獻材料，將自己多年來的觀察和實踐經驗，與學術研究結合起來，對相關問題作全面探討。漢武用力甚勤，每次見面，都提出新發現，諸如不同時期中外辭典的解釋說明、報章雜誌的佚文報道等，佐證了「工夫茶」、「功夫茶」兩個名稱的分別，及各地茶文化特色的異同。由源流到變化，由傳播到近況，娓娓道來，創獲良多。

尤為值得注意的是，漢武此專論，並不局限於闡明古時情況，亦能縷述工夫茶在當代的發展，進而指出工夫茶藝現已成為茶文化交流會中的重要項目和角色，備受專家和大眾關注。然而，時移世易，瀹茶品茗的禮儀漸為人所淡忘，工夫茶的內涵——「和、敬、雅、樂」的真諦未能有效發揮。和諧共敍、敬客禮儀、雅集怡情、樂在閒常，都是德育、美育的薰陶。自古已然，今後有待發揚及傳承。

茶文化作為中國傳統的一個組成部分，有逾千年的歷史，長期以來是人們生活中的實習，在海外亦日益見其普及。清楚究明工夫茶的源遠發展、演變細節，始能將茶藝發揚光大，惠及世人與社會。漢武此論文我曾細閱數遍，每次都有新的感悟，而今即將付印，公諸同好，誠為一大雅事，實在樂見其成。是為序。

新亞研究所教務長及亞太研究中心主任
香港浸會大學榮休教授
周佳榮
2023 年 3 月 6 月

前言

「工夫茶」在歷史上曾是清初出於福建武夷山的一種茶葉品種名稱，其後成為粵東潮汕和福建閩南等地品茗模式的稱謂。中國各地泡茶方式之中，以小壺小杯瀹茶品茗的模式，已有近四百年悠久歷史，是具地區性的一種飲茶習俗。此品茗模式在清代的潮州已慣被稱作「工夫茶」，至今仍盛行於潮閩等地，因沖泡品飲簡便，是民眾的日常飲料和士農工商交往聯誼的儒雅習尚。品茗把和敬與維繫的禮儀精神及民俗茶藝融為一體，凸顯潮閩兩地民系傳統茶俗的文化內涵。工夫茶藝歷史悠久和富藝術性，成為我國各地迎賓敬茶之選，2008 年被列入國家級非物質文化遺產，冠名「潮州工夫茶藝」。

2022 年 11 月，聯合國教科文組織（UNESCO）將「Traditional tea processing techniques and associated social practices in China」（中國傳統製茶技藝及相關習俗）列為人類非物質文化遺產，項目內的相關習俗，按中國非物質文化遺產保護中心申報時用的宣傳影片，有以小壺小杯泡茶的品茗習俗。因各地用小壺杯茶具泡茶的模式，名稱各有不同，故本書以「工夫瀹茶法」統稱。

工夫茶葉或工夫茶藝的名稱，由明、清、民國至現代，均有不同的說法。隨着朝代的更替，文獻便有不同版本的出現，變化令人眼花繚亂。本文從搜羅所得的各種文獻版本中，把經查證的文本和資料，作出分析和比較，藉此追蹤工夫茶葉及工夫茶藝的源流和變化，再分階段寫出其在各地傳播的特色。除論述工夫茶葉名稱的出處外，本書把工夫茶作為「品茗民俗」。

宋代福建建安縣（今建甌市），以貢龍團茶（北苑茶）聞名；元朝設貢焙局於閩北武夷山，專事焙製泡茶飲用的茶葉作貢。其後南方便流行把製成的茶葉，不經壓塊和研碎，放入壺具內加熱水瀹浸成茶湯，並將茶湯注入杯中來品飲的茶俗（按：本書稱「瀹茶法」）。元朝結束後，明太祖廢除朝貢龍團茶，改以貢散茶的政策。此舉令整個茶行業的製作技藝作出極大改變，加上焙製技藝的提升，令茶葉品味受歡迎，民間便廣泛採用此泡茶方法品茗。明代中期後，「瀹茶法」取代宋代的「點茶法」，成為泡茶品飲的主流方式。到了清初，以小壺杯瀹茶品飲的方式逐漸流行，衍生出在潮州以「工夫茶」命名的泡茶技藝。

工夫茶民俗在潮州盛行的遠因，是基於清代中期的潮汕地區，乘茶葉銷售和外貿轉運之利，便於選購和品鑑閩茶，而發展成此民俗茶藝，令工夫茶名稱的含意由原來的茶葉品種，成為一種具地方品茗特色的沖泡模式，流行於潮汕和閩南一帶。以福建武夷山產區為主的工夫茶茶葉，到清末民初因外貿大幅銳減而少被提及，市場經濟的力量使其後被改稱「工夫紅茶」，但此期間的工夫茶民俗，在潮閩多地依然盛行不息。

潮閩民眾過往曾大量移居各地，同時把工夫茶藝傳播至台灣、香港、南洋等地，成為鄉親間相聚時的特色活動；茶俗在各地世代相傳，亦產生各種民俗的普遍特性——地域性，不同地域的傳播，會衍生不同的特性，本書亦分別就各地特性逐一描述。工夫茶在不同時代，會有不同的特色，主要顯現在茶具、茶葉和規程三方面。縱然工夫茶藝因地域和歷史而有所改變，但不論是哪個時代，茶具的配置、茶葉的選取、沖泡的規程等，均為追求茶的真味及享受品茗過程。

中國近代飲茶文化的重要組成部分離不開工夫茶藝，糅合了各處地域特色後的工夫茶，彼此同源，也各有特色。當代學者和茶人提出在閩南有「功夫茶」的說法，自此潮閩兩地，對以小壺小杯品茗的模式，各以「工夫茶」和「功夫茶」來命名。百里不同風，千里不同俗，風尚變成民俗各有成因，潮閩兩地的茶民俗各領風騷，故本書搜集了兩地不同時代的文獻，詳述此歷史遺留的問題。

香港以至大灣區，是新時代的中外文化藝術交流中心，香港作為國際都會，可藉工夫茶藝作為發揚我國茶文化和面向世界的理想平台。本地的各式文化活動，經常致力推廣各地民俗和文化傳承，對工夫茶文化亦應有較深度的認識。本文藉回溯工夫茶文化的歷史底蘊，讓大眾對工夫茶文化、品茗禮儀和茶藝，有多方面和多角度的了解，以期將我國寶貴的文化遺產世代相傳和發揚光大。

第一章

工夫茶的源流

中國茶葉的摘用歷史悠久，茶不單是生活飲料，以茶會友、茶藝品茗、以茶抒志的社會功能，也深深刻印於中國茶文化之中，其衍生的經濟、貿易交流、茶藝、茶文學等範疇，亦成為中國文化發展長河中的重要元素。本書研究的核心——工夫茶，可說是源於茶之品飲，和加上工夫考究的沖泡規程而成。

中國品飲茶的模式，大體可分為煮茶法、煎茶法、點茶法和瀹茶法四大類。[1] 茶葉從飲和食兩種作用，演化成純飲用的歷史，過程約是從先秦至漢唐的煮茶法和煎茶法，進展成為宋明時期的點茶法和瀹茶法。瀹茶法歷經明清兩代的演變，加上民間實踐中累積的經驗，其後成為以小壺瀹茶的「工夫茶」民俗。

歷代不同的飲茶風俗中，多涵蓋於此四大類泡茶模式，本章按其在茶文獻出現的先後次序加以敍述。同朝代或有多種飲茶方法，則選有代表性的一種泡茶模式作介紹；先分析其過程和特色，經歸納後，逐一分朝代先後詳細說明，並把各種特徵用表分別列出，方便比對。因探究工夫茶的源流，實應先了

1　「瀹」：浸漬；《說文．水部》：瀹，漬也。羅竹風主編：《漢語大詞典》（香港：三聯書店，1988 年），「瀹」詮釋 1，卷 6，頁 214。

解我國歷代的品茗方法和茶俗，故須從源始和風俗説起，以便大家用歷史和民俗的角度，認識近代工夫茶的源流變化和傳播。

一、中國煮茶法的開端

中國民間的茶事和品茗活動由來已久，現今談及古代飲茶之事，最熱門的文獻，要算西漢王褒（公元前 90－前 51）所撰的〈僮約〉，[2] 此文為王褒與家僕訂下的規約，明確規定家僕進行有關若干項茶事的工作責任，從文中可看到西漢時人對飲茶一事的重點要求。《四庫全書》收陸廷燦撰《續茶經》，為表重視〈僮約〉中的茶事工作，因此在「提要」開首，特別轉引其文曰：「王褒僮約前云：炰鱉烹茶，後云武陽買茶。」[3] 王褒寫「武陽買茶」，即是到指定的地點買茶（武陽位於今四川省眉山市彭山區）。四川地區是我國最早種茶與飲茶的地區，武陽是當時重要的茶葉市場，故家僕須到「武陽」買茶，可見王褒對茶葉品質的重視。王褒〈僮約〉文內又提及「烹茶盡具」，這正是烹茶前的工作，茶具須設法整潔和齊備；從茶事前買茶的要求和茶具的準備工夫，可見古人講究飲茶的情況。

先秦時期，民眾普遍尚未完全發現和掌握將茶作為飲品的用途，初期的茶葉，有作為食用或飲用，後來才進展到純飲

2　王褒：〈僮約〉，《王諫議集》（上海：掃葉山房，1917 年）。

3　陸廷燦：〈一茶之源〉，《續茶經》，載《景印文淵閣四庫》（台北：商務印書館，1985 年），第 844 冊，頁 663。

用。漢、隋（前 206－618）之時，民間有稱作煮茶的泡茶方式，故陸羽（約 733－約 804）在《茶經．七之事》文中引用前人文獻時提及：

> 《廣雅》云：「荊、巴間採葉作餅，葉老者，餅成以米膏出之，欲煮茗飲，先炙令赤色，搗末置瓷器中，以湯澆，覆之，用葱、薑、橘子芼之。其飲醒酒，令人不眠。」[4]

陸羽提到的「煮茗飲」，方法是先炙茶餅再搗末，置瓷器中以湯澆覆之，和加入其他材料，此種「煮茶」方法，是陸羽年代前一種完整的泡茶方式。陸羽所引用的《廣雅》，沒有寫出是何人、何時的著作；細閱清人王念孫著的《廣雅疏證》一書，[5] 發覺唯一在三國時有張揖撰的《廣雅》（約在 227 年前後編寫），但書中內文並無類似陸羽引用的這段文句。查此書因避諱隋煬帝（569－618）楊廣之名稱，《廣雅》曾被易名為《博雅》，[6] 可見陸羽所引用文獻，應另涉別書。文獻上雖無法得知其確實起始年代，但先秦至西漢間，煮茗作羹食的泡茶方法，無可置疑地仍延續到唐代，才有陸羽引《廣雅》所寫的「欲煮茗飲，先炙令赤色⋯⋯」。從西漢王褒〈僮約〉寫武陽買茶和

---

4 傅樹勤、歐陽勛：《陸羽茶經譯注》（湖北：湖北人民出版社，1983 年），頁 43。

5 曾檢閱〔清〕王念孫著，鍾宇訊點校：《廣雅疏證》（北京：中華書局，1983 年），無陸羽所述此茶事。陸羽：《茶經．七之事》所引《廣雅》或另有其他版本，恐已佚失。

6 〔清〕王念孫撰，鍾宇訊點校：《廣雅疏證》（北京：中華書局，1983 年），頁 2。

烹茶盡具的茶事，可見先秦年代，應已開始有用茶葉加上其他材料，烹煮成湯羹作食用的方法，這種泡茶模式流傳到唐代。據此得出，此種別於唐代陸羽單以茶葉泡茶的方法，可稱為「煮茶法」，也是我國泡茶文化的開端期。

二、唐代煎茶法的輝煌

我國茶葉的生產，早期集中在西南一帶，漢、隋之時，茶飲多是民間風俗，至唐代開元年間（712－756），民間經濟蓬勃，加上宮廷和宗教活動的支持，迎來飛躍的發展，飲茶文化迅速在文士和貴族間流行，配合陸羽《茶經》提倡的泡茶模式，以及使用各種專用茶具的推動和影響，造就飲茶風俗的盛行。從近代陝西法門寺地下宮出土鎏金和精緻的全套御用茶具（約在868年－871年造）來看，當時宮廷的泡茶模式，可說充滿藝術元素。實際上唐代茶文化的構成可分為兩大層面，一是民間和寺院茶文化，另一是文人和宮廷茶文化，此時期是中國茶史文化上的輝煌時代。

此外，唐中葉因安史之亂造成農民大量流亡，土地喪失，其時糧食十分匱乏，造酒卻需要消耗大量糧食，導致唐肅宗乾元元年（758年）頒佈禁酒令，在首都長安禁酒。[7] 由此長安酒價高漲，百姓、文人亦在政令下限制喝酒；故當時的人們遂以茶代酒，如封演（生卒不詳，756年進士）著《封氏見聞

7　《新唐書．食貨志》中記載：乾元元年，京師酒貴，肅宗以廩食方屈，乃禁京城酤酒，期以麥熟如初。二年，饑，復禁酤，非光祿祭祀，燕蕃客，不御酒。

記》中載：

> 自鄒、齊、滄、棣，漸至京邑。城市多開店鋪，煎茶賣之，不問道俗，投錢取飲。其茶自江淮而來，舟車相繼，所在山積，色額甚多。[8]

從上文可見，飲茶的地域性隨着交通便利而打破了，山東、河北、西安一帶均盛行煎茶，飲茶文化在全國範圍內得到了真正意義上的普及。

由於南方寺廟的氣候、土壤適宜種植茶樹，同時僧人借茶佈道弘法、陶冶性情，在飲茶中追求恬淡閑寂，許多廟宇都種茶、製茶、飲茶，形成了無僧不嗜茶的風尚，並且善於製茶。[9]

唐代品茗文化的發展不單只呈現於茶種和茶具上，更重要是泡茶技藝的進步。當中不得不提有茶聖之譽的陸羽，他所撰的《茶經》是一部包含了茶歷史、茶樹種植、產地、製作茶餅、茶具、烤茶和煎茶等有關茶事的全面專著。《封氏聞見記》還有以下記載：

> 楚人陸鴻漸為茶論，說茶之功效並煎茶炙茶之法，造茶具二十四式以都統籠貯之，遠近傾慕，好事者家藏一副。有常伯熊者，又因鴻漸之論廣潤色

---

8 〔唐〕封演撰，趙貞信校注：《封氏聞見記校注》（北京：中華書局，1958 年），卷六，飲茶，頁 46。

9 黃仲先：《中國古代茶文化研究》（北京：科學出版社，2010 年），頁 66。

之，於是茶道大行，王公朝士無不飲者。[10]

陸羽《茶經》的出現，改寫了中國漢、隋的泡茶歷史，該書有系統地列出泡茶的要點和茶具，將茶從日常飲用提升至含藝術和技巧程序的文士風俗。陸羽的泡茶技藝改變了品茶的文化和發展，《茶經》面世後，影響了整個唐代的茶行業，人們甚至將他塑成陶像，敬為茶神。據唐人趙璘（生卒不詳，834 進士）著的《因話錄》所記：

外祖有箋事狀，陸君（陸羽）所撰。性嗜茶，始創煎茶法，至今鬻茶之家，陶為其像，置於煬器之間，云宜茶足利。[11]

當時賣茶的商家極為敬重陸羽，成為品茗的代表和茶藝的偶像，足見陸羽《茶經》和他始創的煎茶法在唐代的社會影響力。這種有品嚐和鑒賞內涵的泡茶模式，促成後世對飲茶鑒賞層面的新要求，把一般百姓的茶俗，提升至藝術和精神文化的層面。唐代宮廷、文士、僧寺等茶文化活動及民間茶行業，亦趨向活躍並成風尚。陸羽在《茶經》寫下他所倡議的泡茶模式，是唐代品茶的特徵，本文稱為「煎茶法」，並開創了我國品茶鑒賞輝煌的中華茶民俗。

漢唐煮和煎兩種泡茶模式出現後，宋明的品茗沖泡方法也有所演變，現先將漢唐兩種不同泡茶方式的特徵列出（表

---

10 〔唐〕封演撰，趙貞信校注：《封氏聞見記校注》，卷六，飲茶，頁 46。

11 〔唐〕趙璘撰：《因話錄》（北京：中華書局，1985 年），卷三，商部下，頁 16。

1-1），以加深對此認識，也便於了解其後宋明另外兩種沖泡模式的演變和不同之處。

表 1-1：漢唐泡茶模式和特徵

	漢、隋「煮茶法」	唐代「煎茶法」
說明	先秦至漢隋採茶而用，由食用演進到飲用，稱烹茶或煮茶，名稱不一。陸羽述前人有「欲煮茗飲」的方法，故漢隋期間泡茶之用法，統稱「煮茶法」。	唐代飲茶方法已趨成型，茶葉有粗茶、散茶、末茶和餅茶等。因有文獻稱陸羽為「始創煎茶法」者，唐代盛行的泡茶模式，以「煎茶法」作代表。
模式和特徵	**模式**：用一般煮食具，以活火煮泡茶葉和配料，採取加熱方式，逐次泡製茶羹飲用。 **泡茶具**：用陶或鐵製釜。過程是選用粗、散或茶餅研末，混合其他配料，水沸後一起放入煮茶具，泡成茶羹連配料飲用，茶葉和配料泡製後，全供一次飲用。 **盛茶器皿**：盛茶羹飲用的陶瓷器皿稱作椀或盌，形狀、顏色不一。 **近代發展**：此模式近代少用，地方茶俗有用此煮茶法，把茶葉擂碎後，加進其他材料混合煮成。在客家稱擂茶，在潮汕海陸豐、閩南稱菜茶。	**模式**：用特製茶具以活火煎泡茶葉，採取加熱方式，茶具內茶葉可重複沖泡飲用。 **泡茶具**：陸羽尚用鐵鍑，過程是選用經炙製茶餅研末，不混合其他配料，水一沸後先加鹽試味，二沸放入茶末，待泡成茶湯，茶葉可重複使用泡出茶湯。 **盛茶器皿**：盛茶湯飲用的陶瓷器皿稱茶盌，闊口偏矮，便於注茶，陸羽《茶經》稱：顏色尚青。 **近代發展**：近代茶飲已少用此種模式，當代以緊壓狀黑茶，沿用此煎泡法。在西藏加酥油入茶，作日常飲用。

三、宋元點茶法的演繹

宋朝（960－1279）承傳唐代茶文化的輝煌，在飲茶方法中迎來多項演變，當中包括茶葉製作技藝的進步和茶葉產區的擴大，漸進形成新的泡茶模式。首先，北宋初年主要的產茶地區為長江流域和淮南，其中四川產茶最多，兩浙、福建產茶較少。但隨宋代發展茶區，由中部長江流域擴大至南方，尤其是兩浙、福建一帶，更因農業的發展，令茶行業大為發達。這改變直接導致宋代的茶種以福建茶為上，宋初更下令造龍鳳團茶，宋代熊蕃《宣和北苑貢茶錄》載：

> 陸羽《茶經》、裴汶《茶述》，皆不及建品。說者但謂二子未嘗至閩，而不知物之發也。……五代之季，建屬南唐，歲率諸縣民，採茶北苑，初造研膏，繼造蠟面。既又製有佳者，號曰「京鋌」。聖朝開寶末，下南唐，太平興國初，特製龍鳳模，遣使臣即北苑造團茶，以別庶飲，龍鳳茶蓋始於此。[12]

從以上可見，宋人認為不論是《茶經》、《茶述》載的茶葉種類，均不及福建所產之茶，宋帝更製龍鳳模具，以福建貢茶，壓成為龍鳳團茶。因建茶成為貢茶的唯一選擇，故派特使監製皇家專用的龍鳳團茶，蔡襄便是其中之一。蔡襄（1012－1067），字君謨，福建路興化軍仙遊縣（今福建省莆田市仙遊縣）人，曾為福建路轉運使。這機會無疑令南方能發展出更好的製茶和種茶技藝，故當時龍鳳團茶表面會塗上一層油膏，用作防潮及增加表面的光澤，經過一段時間後，表面會呈青、

---

12 熊蕃：《宣和北苑貢茶錄》，載方健匯編校證：《中國茶書全集校證》（鄭州：中州古籍出版社，2015 年），頁 353。

黃、紫、黑色的變化，有如蔡襄撰的《茶錄》記述：

> 茶色貴白。而餅茶多以珍膏油。其面，故有青黃紫黑之異。善別茶者，正如相工之瞟人氣色也，隱然察之於內，以肉理實潤者為上。[13]

宋代貢茶製作技術，能令茶人藉觀察而知茶葉的好壞，這實為以往未及之處。宋代的製茶技術促使南方的製茶技術大幅提升，因南方於中國歷史上較少戰事，加上天氣因素，奠定此後明清兩代的茶品以福建茶為上的歷史前因。[14] 宋代茶文化承唐文化，著作也空前豐富，如蔡襄著的《茶錄》、宋子安著的《東溪試茶錄》、黃儒著的《品茶要錄》等，大量茶書巨著加上不少茶葉論著，均足以反映宋代茶文化的盛況。

宋代泡茶的模式獨特，和唐代相比，有明顯的不同和演變，在宋徽宗（1082－1135）著的《大觀茶論》有二十篇，介紹不同的茶事技藝和茶具，有關泡茶方法，便有以下兩項詳細的描述：

> **點** 點茶不一，而調膏繼刻，以湯注之。手重筅輕，無粟文蟹眼者，謂之靜面點。蓋擊拂無力，茶不發立，水乳未浹，又復增湯，色澤不盡，英華淪散，茶無立作矣。有隨湯擊拂，手筅俱重，立文泛泛，謂之一發點。蓋用湯已

---

13 〔宋〕蔡襄撰：《茶錄》，載方健匯編校證：《中國茶書全集校證》，頁280。

14 陳瑜：《文人與茶》（北京：華文出版社，1997 年），頁 13－15。

過，指腕不圓，粥面未凝，茶力已盡，雲霧雖泛，水腳易生。妙於此者，量茶受湯，調如融膠，環注盞畔，勿使侵茶。……

色 點茶之色，以純白為上，真青白為次，灰白次之，黃白又次之。天時得於上，人力盡於下，茶必純白。天時暴暄，芽萌狂長，採造留積，雖白而黃矣。青白者，蒸壓微生；灰白者，蒸壓過熟。壓膏不盡則色青暗。焙火太烈，則色昏赤。[15]

上述宋徽宗《大觀茶論》所說的「點」、「色」兩項描述，大大別於唐代先煎水後投茶的方式。宋代的沖泡方法，是將茶葉研成粉末，先投入盞杯才點注沸水，再搗伴成茶沫飲用；着重茶湯泡沫持久和顏色的要求，泡沫色白，故尚用黑釉茶盞來盛茶湯，以凸顯出純白茶沫，其後便演化為比鬥茶沫的持久作勝負。宋代這種品茗要求和特徵，有別於唐代的沖泡模式，本文稱作「點茶法」。

元朝（1260－1367）蒙古族入主中原，社會對茶事、茶俗的態度和模式，沿襲宋代而沒多大變化。有學者認為元代因與南宋的戰事遍佈中原，影響長江茶區茶業的發展，故與茶事有關的文獻和創作均很少，可算陷於停滯。有關元朝茶事，在清

15 〔宋〕趙佶著：《大觀茶論》，載鄭培凱、朱自振主編：《中國歷代茶書匯編校注本》（香港：商務印書館，2007 年），上冊，頁 103。

梁章鉅（1775－1849）《歸田瑣記》中有一段記載：

> 宋時武夷已非無茶，乃焙法不佳，而世不甚貴爾。元時始於武夷置場官二員，設焙局於四曲溪，今御茶園、喊山台其遺跡並存，沿至近日，則武夷之茶，不脛而走四方。且粵東歲運，番船通之外夷，而北苑之名遂泯。[16]

上文揭示了元朝在武夷山四曲溪畔設立貢焙局後，茶的品質提升，加上外銷的經濟作用，導致唐宋貢茶產地建安（今福建省建甌市）北苑的重要性下降，自此貢焙由北苑移至武夷山（按：今建安北苑所在處在武夷山南下 80 公里），這發展亦奠下了其後明清工夫茶葉的製作與武夷山的關係。武夷山茶園生產戶大增，採摘茶芽和焙製以貢內府，可見自元代南下後的皇室亦喜於品茗。

元代閩茶品種因製茶技藝的改良，所出產的茶葉多為經適度發酵後再烘焙的青茶類（烏龍茶）；[17] 此茶葉的優點能發揮於用原片茶葉沖泡飲用，而不研成碎末，即本文所提及的「瀹茶法」。這種品茗模式有別於宋代貴族和文士間盛行的「點茶法」，除茶葉質素的改良外，因以壺瀹茶品飲便捷，令此茶俗在元代先在南方民間出現，發展至明代中期便被廣泛採用和普

---

16 梁章鉅著，陽羨生校點：〈品茶〉，《歸田瑣記》（上海：上海古籍出版社，2012 年），頁 101。

17 中國茶葉製作時按發酵程度分六大類：綠茶、白茶、黃茶、青茶、紅茶、黑茶。在 1979 年確立使用六大茶類前，烏龍茶是青茶的早期慣用名稱。

及。此後，在宋代盛行的「點茶法」不甚普及，反之卻東傳到日本，成為彼邦盛行至今的「抹茶道」。元代品茗所用茶葉，元人王禎（1271－1333）編的《農書．雜類》有如下記載：

> 茶之用有三：曰茗茶、曰末茶、曰蠟茶。凡茗煎者擇嫩芽，先以湯泡去熏氣，以湯煎飲之。今南方多效此。然末子茶尤妙。先焙芽令燥，入磨細碾，以供點試。…… 南方雖產茶，而識此法者甚少。蠟茶最貴，而製作亦不凡。[18]

王禎文中所指的三種茶葉，依品茗方式可分兩類：(1)「茗茶」，飲用方法是用此茶葉以原片瀹茶飲用；(2)「末茶、臘茶」，茶葉先加入香料，預製成餅狀或塗成蠟茶，飲用方法是先研成粉末狀後點茶飲用。根據王禎一文，兩種泡茶飲用模式同時出現，足證元朝在此期間同時採行「瀹茶法」和「點茶法」，只是北方仍流行以點茶為主，南方則開始效法以瀹茶方式飲茶。

元代國祚 98 年，茶事文獻寥寥可數，乏善足陳，除上文所引王禎《農書》中提到的三種茶葉外，其他以收集中國歷代茶事文獻而編纂的書籍，大多沒有元代文獻的論述。2015 年方健匯編校證的《中國茶書全集校證》中，僅在補編中加入四篇由元人寫的文獻：(1) 馬端臨（1254－1340）的《文獻通

18　王禎著，王毓瑚校：《王禎農書．雜類》（北京：農業出版社出版，1981 年），卷十，百穀譜集「茶」，頁 162。

考・征榷考・榷茶》[19]；（2）脫脫等撰《宋史・食貨志・茶》[20]；（3）佚名寫的《大元馬政記》[21]；（4）釋德煇編的《敕修百丈清規・茶禮儀》。[22]

以上前兩篇的內容，以宋朝茶租稅、茶制、茶政、茶法等為主；第三篇並非論述茶事，末後一篇述佛教茶禮儀及茶事。因唐宋兩代均有專著述及茶事，本書不贅。由上述可見，元代論述茶文化事的文獻較少，同樣對我國茶文化的影響不大。

元朝雖有瀹茶品飲之事，但僅局限在南方的民間，因無文獻提及與此類似的品飲方法，此方法反多見於明代的茶事文獻。故本書所述的「瀹茶法」，按普及起用的年代計，便定位在明朝；明朝紫砂壺出現後，以「瀹茶法」飲茶者漸多，因而在各地盛行，且遍及全球各地至今。

四、明代瀹茶法的呈現

明代（1368－1644）的飲茶方式，初期仍承襲宋代泡茶「點茶擊拂成沫」的追求；明太祖朱元璋第十七子朱權（1378－1448），自號臞仙，又號丹丘先生，明初時撰寫茶書《臞仙茶

19 方健匯編校證：《中國茶書全集校證》，頁 2823。
20 同上，頁 2860。
21 同上，頁 2915。
22 同上，頁 3503。

譜》，又稱《茶譜》，[23] 內容有「品茶、收茶、點茶、熏香茶法、茶爐」等共十六則，其中不乏創新之舉，內容如其前言「崇新改易，自成一家」。是書仍以宋代「點茶法」為泡茶模式，是據朱權自身體驗茶事的心得而成，不愧明初茶藝時尚及明人對茶事的追求。但點茶法着重鬥茶時湯花雲沫的要求，若以純粹飲茶的實用角度衡量，這種着重外觀，不着重茶湯能否滿足個人的口感和功能，偏重表面而忽略內質的飲茶方法，很易被更佳的泡茶模式取代，無法在我國長久普及和傳承。

明太祖廢除朝貢龍團茶，改以貢散茶的政策，使整個茶葉製作技藝作出重大改變。福建武夷山一帶，因乘宋元兩代的精工烘焙製茶發展之利，武夷岩茶成為明代社會崇尚的茶葉主流，和成為社會習尚之風，使中國的茶文化有進一步的發展，誠如明代沈德符（1578－1642）《萬曆野獲編》中記載所言：

> 國初四方供茶，以建寧、陽羨茶品為上，時猶仍宋制，所進者俱碾而揉之，為大小龍團。至洪武二十四年（1391）九月，上以重勞民力，罷造龍團，惟採茶芽以進，其品有四：曰探春、先春、次春、紫筍。置茶戶五百，免其傜役。按茶加香物，搗為細餅，已失真味。宋時，又有宮中繡茶之制，尤為水厄中第一厄。今人惟取初萌之精者汲泉置鼎，一瀹便啜，遂開千古茗飲之宗。乃不知我太祖實首辟此法，真所謂聖人先得我心也。陸鴻漸有靈，必俯

23 〔明〕朱權：《臞仙茶譜》，載方健匯編校證：《中國茶書全集校證》，頁623。

首服，蔡君謨在地下，亦咋舌退矣。[24]

明代改以散茶作貢，直接使民間趨向改為用茶壺沖泡茶葉的泡茶法，是我國飲茶文化的突破，也促成後世瀹茶品茗的先河。明代中期盛行的瀹茶法，過程是先投入適量的茶葉在壺具內，再注入沸水，而不用火加熱，只利用熱水溫度瀹泡茶葉。這可算是宋代點茶泡法的另一種延伸，改變的地方是棄用茶葉粉末，和不着重擊拂出茶沫。選用經加工過的原片茶葉來沖泡茶湯，茶葉有適當份量，便可重複沖泡，多次飲用。當代茶學者丁以壽教授在〈中國飲茶法源流考〉一文中，把中國歷代的泡茶模式分成四大類，即煮茶法、煎茶法、點茶法和泡茶法。[25] 這一廣義的分類，完整地將中國歷代的飲茶方法分成四種不同模式，屬清晰的分類。但泡茶的含意較廣泛，為便於望文生義，本書將在明代萬曆年間（1573－1620）出現、盛行以壺瀹茶的泡茶模式，稱為「瀹茶法」。

建茶因製茶技術出色成為貢茶，很適合以壺瀹茶的簡便模式。種植於福建北部的青茶類（烏龍茶），其製作方法介於綠茶和紅茶之間，屬部分發酵茶，選用高茶香的武夷岩茶，加上適當的沖泡技巧，可使茶香味、韻俱備，故成為當時的茶種新貴，更令愛茶人開始留意「瀹茶法」的技巧和運用。民間對茶湯的品嚐有所追求，便嘗試尋找質優的茶壺和不同工序來泡

---

24 沈德符：《萬曆野獲編．補遺一》（北京：華雅士書店，2002 年），頁 948。

25 丁以壽：〈中國飲茶法源流考〉，《農業考古》第 2 期（1999 年），頁 120。

茶，以追求較佳的口感和味覺享受。

明代中期，原片茶葉沖泡的飲茶方法，已逐漸在各地流行，沖泡用的茶壺採用五彩或青花瓷製，壺的容量一般偏大，其後發覺用紫砂泥料製壺泡茶，能令茶湯沖泡得更美味而漸多被使用。這種泡茶工序深深影響後世的沖泡模式並流傳至今。明代張源（生卒不詳），字伯淵，蘇州吳縣包山人（位西洞庭山，今蘇州吳中區），1595 年前後，其撰寫的《張伯淵茶錄》有二十三則，從內容看到其時已流行的一種泡茶方法——「瀹茶法」模式，明顯與宋代通行的「點茶法」有別。現引錄其中三則，便可了解其時代瀹茶的方法。

（1）第七則「湯用老嫩」：

蔡君謨（蔡襄）湯用嫩而不用老，蓋因古人（宋代）製茶，造則必碾……今時製茶，不暇羅磨，全具元體。此湯須純熟，元神始發也。故曰湯須五沸，茶奏三奇。

（2）第八則「泡法」：

探湯純熟，便取起。先注少許壺中，祛盪冷氣傾出，然後投茶。茶多寡宜酌，不可過中失正，茶重則味苦香沉，水勝則色清氣寡。兩壺後，又用冷水蕩滌，使壺涼潔。不則減茶香矣。罐熟則茶神不健，壺清則水性常靈。稍俟茶水沖用，然後分釃布飲。釃不宜早，飲不宜遲。早則茶神未發，遲則妙馥先消。

（3）第九則「投茶」：

投茶有序，毋失其宜。先茶後湯曰下投。湯半下茶，復以湯滿，曰中投。先湯後茶曰上投。春秋中投，夏上投，冬下投。[26]

文中此三則強調「湯用老嫩、泡法、投茶」，這三種工序均是很講究地以壺瀹茶的過程。張源瀹茶法的要求是：湯須純熟，選用的茶葉不研磨，以全片茶葉進行沖泡；投葉和沖泡的細節先後和時間均有程序，甚至按不同的季節，也會採用不同的投茶方式。

晚明的瀹茶法，已對茶壺的材質產生出不同的要求，明代周高起（？－1645）撰《陽羨茗壺系》（約於1640年成書），是最早記述宜興紫砂茶壺和材質的專著，對瀹茶所用的茶壺有詳細描述。文中說：

壺於茶具，用處一耳。……近百年中，空黜銀錫及閩、豫瓷，而尚宜興陶，又近人遠過前人處也。陶曷取諸，其製以本山土砂，能發真茶之色香味。[27]

以壺瀹茶品嚐的方法，在明代中葉開始後，便在我國各地普及。此「瀹茶法」亦傳至歐洲，是在1610年由荷蘭人把茶葉輸入歐洲和帶到英國後，經銷者將茶葉再包裝和商品化，令歐美民眾以壺瀹茶的飲茶風俗大行其道。英國商人在明末清初便開始到中國採購大量茶葉。美國作家 William H. Ukers 曾花二十多年時間到世界各地考察，撰寫英文茶書 *All*

---

26 〔明〕張源：《茶錄》，載方健匯編校證：《中國茶書全集校證》，頁741。

27 〔明〕周高起：《陽羨茗壺系》，載方健匯編校證：《中國茶書全集校證》，頁1353。

About Tea，[28] 書中記述了此段在中國的茶事歷史，現引錄吳覺農（1897－1989）《茶葉全書》中譯本的內文如下：

> 飲茶代酒之習慣，東方與西方同一重視，惟在東方飲茶之風盛行數世紀之後，歐人始習飲之。世界上有三種主要飲料，即茶、可可及咖啡是也。可可為輸入歐洲之第一種飲料，在一五二八年由西班牙人輸入，而茶則越一世紀後，於一六一〇年由荷蘭人輸入歐洲。[29]

明朝末年，瀹茶法也傳播到日本；福建省福州黃檗山萬福寺住持隱元隆琦（1592－1673），俗名林曾炳，他在 1654 年應邀往日本弘法時，帶有茶葉和茶具同往，以作品飲和種植自用，並在寺內傳授日本人以壺瀹茶的飲茶方法，日本僧人柴山元昭（1675－1763）又名「賣茶翁」，曾歸依寺內和學習瀹茶法，賣茶翁其後在日本各處，憑個人努力，經二十多年的推廣，把這種飲茶模式在日本普及，以壺瀹茶的飲茶方法，其後在日本被稱作「煎茶法」（注：不同於我國唐代的煎茶法）。「煎茶法」和宋朝點茶法東傳而成的日本「抹茶道」，都源於我國兩種不同的泡茶方法，兩種方式在日本分庭抗禮，先後成為該國兩大着重儀式和以茶入道的品茗文化，傳承和活躍至今。

我國「瀹茶法」在全球傳播，選用的茶葉種類和壺具材

28 William H. Ukers, *All About Tea* (New York: The Tea And Coffee Trade Journal Company ,1935).

29 吳覺農主編，中國茶葉研究社翻譯：《茶葉全書》（上海：中國茶葉研究社，1949 年），頁 14，原書資料：William H. Ukers, *All About Tea*.

質，因地制宜或有不同，但均是用原片茶葉投入茶壺，以沸水沖泡飲用。歐美有以機器把茶葉做成碎片狀，或放入小茶袋內包裝銷售。我國以壺瀹茶，選用青茶類（烏龍茶）為主，在歐美用的茶類，以紅茶為主，而日本則以綠茶為多，近代世界各地飲茶的泡茶方式，均出於明代的「瀹茶法」，至今沿用。

明代瀹茶法的出現大致如上，清初後便發展出工序更考究的「工夫茶」模式，現先將宋明兩種不同的泡茶過程列出（表 1-2），以便進一步了解清代開始在粵東潮汕和福建閩南普及的「工夫茶」。

表 1-2：宋明泡茶模式和特徵

	宋代「點茶法」	明代「瀹茶法」
說明	宋徽宗《大觀茶論》內有「點」、「色」和共二十篇泡茶重點的描述，此模式通行宋代，稱「點茶法」。	明代張源《張伯淵茶錄》內有「泡法」、「投茶」和共二十三則泡茶重點的描述，此模式在明代形成，流行至今，稱「瀹茶法」。
模式和特徵	**模式：**用盞杯加沸水，點泡盞內茶粉。 **作法：**盞杯尚用釉面瓷製，過程是將茶餅研成粉放入盞，分多次，用湯瓶點注熱水入茶盞攪拌，用筅在盞內擊拂成沫，茶湯沫連茶粉一起飲用，逐次新做。 **盛茶器皿：**盛茶湯飲用的瓷器皿是原先泡茶用的茶盞，宋代茶盞尚厚身以恆溫，闊口偏高利攪拌，顏色尚青黑釉面。 **近代發展：**近代我國茶飲已少用此模式，在宋代外傳日本演繹成抹茶道至今。	**模式：**用壺具注入沸水，沖泡壺內茶葉。 **作法：**壺具尚用紫砂製茶壺，過程是先用砂銚燒熱水來熱壺後倒去，選用散狀原片乾葉，有序投放入壺，再將沸水入壺瀹成茶湯分享，茶葉可瀹泡數次飲用。 **盛茶器皿：**盛茶湯飲用的瓷器皿稱作甌或杯，杯身偏薄以利散熱，形狀、大小和顏色多樣。 **近代發展：**近代世人泡茶多用此模式，明代時先在我國普及，再傳播至日本和歐美，在當代已成為全球性的主流飲茶模式。

五、清代工夫茶的形成

清初雖沿用明代的瀹茶法，但有新的特色和變化。乾隆年間（1736－1795），福建閩北武夷山一帶，乘着明代僧人善於製茶的優勢和以散茶瀹飲之風尚，鑽研能焙製出不同口感和等級的閩茶；愛茶者為品嚐各種名優茶葉，沖泡出最佳口味的茶湯，便設法在茶器和沖泡方法兩方面作出創新和改變。若留意茶壺的體積，便能察覺其變化。明代製茗壺大師如供春（生卒不詳，約1522年－1566年間），原為宜興進士吳頤山的家僮，時大彬（1573－1648）師事供春，兩人所製紫砂壺容量均偏大（約600毫升）。明末周高起（？－1645）撰寫的《陽羨茗壺系》一書，文中特別提及明崇禎時，宜興製壺名家時大彬晚期所製茶壺，經吸收各家意見，為利於瀹茶泡出佳茗，製壺的容量便有從大而改趨小的變化，書內記載：

> **大家**　時大彬，號少山。或淘土，或雜硇砂土，諸款具足，諸土色亦具足。不務妍媚而樸雅堅栗，妙不可思。初自仿供春得手，喜作大壺。後遊婁東，聞陳眉公與瑯琊、太原諸公品茶施茶之論，乃作小壺。几案有一具，生人閒遠之思。前後諸名家，並不能及。遂於陶人標大雅之遺，擅空羣之目矣。[30]

觀察明代製壺名家，自供春開始偏大，到明末時有「壺

30 〔明〕周高起撰：《陽羨茗壺系》，載方健匯編校證：《中國茶書全集校證》，頁1354。

家妙手稱三大」之稱的時大彬、李大仲芳、徐大友泉等製紫砂壺大師，其製壺均已趨向細小。製壺體積普遍變小的原因，並非偶然發生，而是源於大眾已公認「小壺」能有效發揮「瀹茶法」的沖泡效果。

民間的品茗過程，稍作留意和分析，也可探索出此期間的泡茶特色。善於美食和詩文的清代才子袁枚（1716－1797）撰《隨園食單》一書，在〈武夷茶〉一文中寫道：

> 余向不喜武夷茶，嫌其濃苦如飲藥。然丙午秋余遊武夷，到曼亭峰天遊寺諸處，僧道爭以茶獻，杯小如胡桃，壺小如香櫞。每斛無一兩，上口不忍遽咽，先嗅其香，再試其味，徐徐咀嚼而體貼之，果然清芬撲鼻，舌有餘甘。一杯之後，再試一二杯，令人釋躁平矜怡情悅性。始覺龍井雖清，而味薄矣；陽羨雖佳，而遜矣。頗有玉與水晶，品格不同之故。[31]

袁枚遊歷閩北前，在其他地方品嚐武夷茶，均嫌其濃苦，可知清初之際，瀹茶法的沖泡質素，各地參差不齊。袁枚於丙午秋（乾隆五十一年，1786 年）遊武夷山曼亭峰時，得僧人獻茶後，始有機會品嚐清芬撲鼻的武夷茶，茶韻令袁枚舌有餘甘，故袁枚特意寫出當時的品茗情況，並凸顯出是用「杯小如胡桃，壺小如香櫞」的茶具來瀹茶品茗。此時期，瀹茶法

31 周三金等注釋，〔清〕袁枚撰：〈武夷茶〉，《隨園食單》（北京：中國商業出版社，1984 年），頁 144。

用的茶具特徵是「小壺小杯」，武夷茶剛開始聞名，尚未發展出具體沖泡特色和規程。袁枚在閩北天遊寺品茗，其地武夷山離袁枚常住地的浙江錢塘縣（今浙江杭州）東南約 341 公里。袁枚須到武夷山才能一嚐佳茗，古語云「百里不同風」，確非虛言。藉此也可見，這種以小壺小杯瀹茶品茗的方法，仍集中在武夷茶的原產地附近，並未普及於他處。

與袁枚同一年代，《紅樓夢》作者曹雪芹（1715－1763）筆下的大觀園內，[32] 主軸線人物在園內有很多茶事活動情節。《紅樓夢》常出現的主要茶款有：龍井茶、六安茶、杏仁茶、楓露茶、老君眉、女兒茶等各種各樣的名茶。茶具有猜對燈謎時元妃頒賜的禮物「茶筅」，與招待賈母品茶的「成窯五彩小蓋鐘」。茶筅是作為點茶用的器具，蓋鐘是作為泡茶品茗之用，均是曹雪芹筆下提及的茶葉款和茶器。

曹雪芹的居住地為江寧織府（今南京），是清朝乾隆盛世工商之處。《紅樓夢》約成書於乾隆中期甲戌年（1754 年），大觀園所寓之地（南京）距武夷山東北約 493 公里。客觀可見，袁枚常居地浙江錢塘縣（今浙江杭州）在福建之東，他遊武夷山時，才嚐到美味的武夷茶。大觀園位處福建東北，曹雪芹在寫《紅樓夢》時，書內未提及武夷茶和袁枚在武夷山用「小杯小壺」的瀹茶器皿。從以上才子和著名作家兩例子情況推論，清初至乾隆（1736－1795）或較後一段時期，武夷山以東，及華中等內陸地方，仍鮮以較細小的杯壺茶器來瀹茶

32 曹雪芹著，吳銘恩校：《紅樓夢脂評匯校本》（北京：清華大學出版社，2020 年）。

品茗。

小壺小杯瀹茶品茗的習尚，在武夷山南下的華南沿海一帶，卻甚為活躍。因明末清初後，福建茶葉產銷興盛，按乾隆政令施行，廣州一口通商期間（1757－1842），粵潮兩地茶商大量採購的閩茶，多經潮州轉運廣州，再出銷海外，其中以一種茶葉品種最為暢銷，英文名稱為「Congou」（工夫茶），屬紅茶類，[33] 經東印度公司集中收購出口英國，且數量日益龐大。英國下議院 1830 年的公告文獻顯示在英國經銷的茶葉數量，在 1829 年度內，進口中國茶葉共 30,269,418 磅（折算 13,730 公噸），[34] 至 1878 年已倍增升幅至 119,000,000 磅（折算 53,978 公噸 / 年），[35] 可見清中葉後茶葉銷量之旺盛。由於這種地緣因素，加上銷售頻繁的茶事，令茶商匯集潮州，飲茶習尚隨處可見;我國當代史學家曾楚楠於〈工夫茶的發祥地〉一文，對乾嘉期間潮閩兩地之茶葉貿易情況詳述如下：

> 茶商一般都是烹茶、品茶高手，當他們進入茶區認購茶葉時，自然會在茶藝方面與茶農互相切磋交流；而茶農也必定會在如何改進茶葉質量、增強品嚐效果等方面虛心傾聽茶商意見，以期產品適銷對路，達到雙方互惠互利之目的。正是出於這種密切的貿易夥伴關係，在長期的雙向交流中（也許還

---

33 馬禮遜編：《英華字典》（澳門：英國東印度公司澳門印刷廠，1822 年），頁 83。中國第一本英華字典裏的「congo」中譯為工夫茶。

34 英國下議院，1830 年中國茶貿易報告，*China Trade: containing the entire substance of the evidence, laid before the House of Commons, in the session of 1830*。

35 在上海出版的《字林西報》，*North China Daily New*，1879 年 7 月 3 日，

包括「潮州來者精」的泥爐、砂銚等茶具之流播），武夷茶之質量不斷提高，而工夫茶程式亦得以逐步完善，以致在有關這一飲茶程式的記載中，其程式與器具竟驚人地一致。因此，在探索工夫茶程式的源頭時，筆者（曾楚楠）更傾向於「烏龍茶產銷雙方共創說」。[36]

茶葉交易中，對於質量和製作技藝的驗試品嚐，潮州茶商每用小壺小杯的瀹茶技藝來進行，乾嘉期間潮州茶商乘着此地理優勢，促成此種品茗方式，特別活躍於華南潮汕，而閩北烏龍茶葉產植地，便善於茶葉的製作技藝。

小壺瀹茶品茗的方式，因便捷和簡易，故能在粵東潮汕各地普及，蔚成風尚；首見有文獻專題記載這種飲茶模式，由俞蛟（1751－？）所寫，他在四十二歲時以監生任興寧縣典史期間（乾隆五十八年，1793 年），因遍遊各地，把所見所聞寫記於其 1801 年書成的《夢庵雜著》內，在〈工夫茶〉一文中，詳細記述這種以小壺小杯的品茗過程，其文如下：

工夫茶烹治之法，本諸陸羽《茶經》，而器具更為精緻。爐形如截筒，高約一尺二三寸，以細白泥為之。壺出宜興窯者最佳，圓體扁腹，努嘴曲柄，大者可受半升許。杯盤則花瓷居多，內外寫山水人物極工致，類非近代物；然無款誌，製自何年，不

36 曾楚楠、葉漢鍾：《潮州工夫茶話》（廣州：暨南大學出版社，2011 年），頁 44。

能考也。爐及壺盤各一，惟杯之數則視客之多寡。杯小而盤如滿月，此外尚有瓦鐺、棕墊、紙扇、竹夾，製皆樸雅。壺盤與杯，舊而佳者，貴如拱璧。尋常舟中，不易得也。先將泉水貯鐺，用細炭煎至初沸，投閩茶於壺內沖之。蓋定復遍澆其上，然後斟而細呷之，氣味芳烈，較嚼梅花，更為清絕，非拇戰轟飲者得領其風味。[37]

俞蛟在上文記錄了早期潮州地區的工夫茶全貌，他首先說工夫茶的烹治方法，是從陸羽《茶經》所得，茶壺採用宜興，火爐為潮汕地區以細白泥製成的長截筒形，各種茶具樸雅；每次所用茶杯的數量，則按賓客人數，文中泡茶工序細緻。俞蛟的見聞筆記，不單為後世瀹茶法帶來重要的啟示作用，也向世人展現了潮州人茶藝的發展過程。清代尚以小壺小杯瀹飲，俞蛟此文所寫是重要的里程碑，潮汕一帶風行成俗所稱的「工夫茶」，正是俞蛟的所見所寫，可見潮州是「工夫茶」名稱開端的標誌地，往後工夫茶技藝的傳播，多隨潮州此地茶藝，繼而作出改良和傳承。

工夫茶在潮汕地區開始發展之際，其所用的特色小壺小杯茶具，初有來自宜興名家的手製茶壺，如時大彬紫砂茶壺，其後有惠孟臣所製之紫砂小壺，[38] 此外，江西白瓷製小杯（注：工夫茶杯以內底白色，容量偏小，口沿外撇為主，坊間以底

---

37 〔清〕俞蛟著，駱寶善校點：〈工夫茶〉，《夢庵雜著》（上海：古籍出版社，1988 年），卷十，頁 186。

38 工夫茶初以宜興紫砂壺為主，明朝時大彬（1573－1648）初製大壺，後改製小壺為尚，潮州近代改用潮州朱泥壺為多。

款寫「若深珍藏」的若深杯為尚，本書通稱此杯形為「若深杯」）[39] 和潮汕本地茗壺師的手拉朱泥壺等，因款式形狀利於沖泡品茗，後世爭相仿效，各大師所製壺杯，其特徵均以小為佳。

回顧其時，明代「瀹茶法」出現後，到清代形成的工夫茶品茗模式，是把宋代點茶時能凸顯餑沫的外觀，改為重視味道。品飲的茶具，棄黑色兔毫建盞，改用瓷製內尚白色的若深杯，使茶之香氣更易從杯中散發。此沖泡模式不像點茶般以沸水注茶後，還須攪拌多次才飲用，而改成將散茶投入茶壺的簡易模式，使茶葉的各種內含物，能便捷和容易地從茶壺沖倒出來，泡成美味的茶湯。茶席上賓主品茗共融的和諧，不須像點茶般，作比賽式的要求，改而注重具精神內涵的禮儀。由明代瀹茶法伸延至清初的改變，便活現在潮州一地的「工夫茶」品茗習尚，和考究工序的規程，沖泡茶器特色是使用小壺小杯，故本文稱為「工夫瀹茶法」（一般小壺容量約 90 至 150 毫升，小杯容量約 25 至 35 毫升）[40]，以別於其他使用較大容量茶器的瀹茶法。

明代「瀹茶法」取替宋「點茶法」成為民間品茗茶俗後，在清代便普及全國各地，但以小壺小杯瀹茶品茗，多集中在華南沿海部分地區，更成為以潮汕和閩南兩民系的習尚茶俗。其他如華東及華中等內陸地方，多以茶葉直接投入杯內瀹茶飲

39 若深杯（坊間有作若琛）亦稱若深甌。白瓷質飲具，傳為清代江西景德鎮燒瓷名匠若深所作。若深杯為外繪青花、內底白色的撇口小瓷杯，杯身有山水字畫，杯底書「若深珍藏」。

40 葉漢鍾、王岳飛等主編：《潮州工夫茶藝技術規程》，收入中國茶葉學會團體標準 (TCTSS 5-2019)，2019 年 12 月 18 日發佈，見第 4.2 項。

用，用細小壺杯來泡茶的茶俗則較為少用，由此形成茶器大小不同的泡茶現象。

歸納各種特徵，本書把明代的瀹茶法，細分為「壺瀹茶法」、「杯瀹茶法」和「工夫瀹茶法」三種。當中「杯瀹茶法」所用的杯，杯的外形無特定形狀，或加上杯蓋，以個人用為多，亦有以杯瀹茶以代替茶壺，如鐘形的則稱作蓋甌或蓋碗，卻非慣常。「工夫瀹茶法」在本書則專指粵東潮汕和福建閩南兩民系稱「工夫茶」的品茗模式。

在以上中國歷代四種不同的泡茶模式之中，明代的「瀹茶法」普及至今，也是「工夫瀹茶法」的來源。其特徵是以小壺小杯沖泡品嚐，及有工序考究的規程。為方便比對，現將三種瀹茶模式特徵表列如下（表 1-3）：

表 1-3：清代三種瀹茶模式和特徵（明代瀹茶法的延伸）

壺瀹茶法	用壺加入沸水瀹茶葉，茶湯注杯分享，壺容量偏大，壺杯以瓷製為多，形狀多樣化。選用原片茶葉為主，方式已普及全球，可敬客迎賓之用，適合在餐飲和家居飲用。
杯瀹茶法	用杯加入沸水瀹茶葉，連杯各自飲用，茶杯容量按個人份量而定，杯形狀有鐘形蓋碗、瓷製把杯或透明玻璃杯等。選用原片或袋裝茶葉均有，方式已普及全球，因杯隨人數和簡便，適合多種場合飲用。
工夫瀹茶法	用小壺小杯的瀹茶葉模式，泡茶工序考究。壺以礦砂製為尚；杯以白瓷製薄身為佳。選用原片茶葉為主，只須按規程進行，可簡易沖泡美味茶湯。模式廣受茶藝愛好者採用，因有禮儀內涵，宜敬客迎賓和茶敘，很適合以鑑賞形式品嚐。

第二章

工夫茶名稱及其變化

歷史事蹟的出現，藉參與或觀察者的文字著述或圖像，便能把該事情記錄下來和綜合其前因後果。但一個民俗的成長，需經長時間流通，甚至世代相互承傳才能形成。在長時間的傳播中，其真相和過程每有改變，導致被誤解和容易遺漏。以小壺、小杯來瀹茶品茗，開始於晚明而盛行於清朝至今；流通地域在粵東潮汕至福建南北，且遠至日本及東南亞一帶。事或物在不同地域間有不同的命名，隨時間環境而變遷，並非罕見。本章以工夫茶此名稱的出現作開始，從歷史角度和借助文獻，詳述其成因及改變之處。

一、工夫和工夫茶的詞義

工夫茶的名稱見於明清時期，是指茶葉名稱或小壺品茗法，其意思是用技巧來製的茶葉，或以細緻工序泡茶的茶民俗。探究工夫茶的字和詞本義，可先在古籍中查閱。「工」字，《說文解字注》解作巧飾、規矩和巧於所能，並詮釋為「凡善其事曰工」的意思，[1] 如現代人稱「工序」和「工筆畫」的

1 〔清〕段玉裁注：「工」，《說文解字注》（台北：百齡出版社，1976 年），頁 209。

工字。至於「工夫」此二字名詞，早期多見於我國論述哲理的文獻中，當代學者有稱之為「工夫論」；[2] 此論說是把宋明理學家將達成修養的「造詣和本領」稱作工夫，是「工夫」一詞最早被使用較多的詞義。當代的詮釋，可參考具國際權威的工具書，1988 年在香港首版編印的《漢語大詞典》，書中就「工夫」二字有多個詮釋，[3] 其一，指作事所費的精力和時間，二指花費時間和精力後獲得某方面的造詣本領，兩個不同的解釋均非常清晰，也不易混淆。但把茶字加在工夫二字之後而成「工夫茶」的三字詞時，意思便明顯有所不同。「工夫茶」三字是明、清期間的新名詞，詮釋時便要按此名稱所出現的時代，和依據當時命名的原意來解讀。在《漢語大詞典》內「工夫」詞條的兩個詮釋中，便應擇一而用。詞條第二項將其詮釋為「某方面的造詣本領」的意思，便是《說文解字注》「凡善其事曰工」的引伸，也正是「工夫茶」這三字詞的核心詞義。故本文對「工夫茶」的定義，不是指作事所費的精力和時間，而是指用「獲得的某方面的造詣本領」來製作茶葉，或以小壺瀹茶的品茗模式，這樣才能表達巧於所能和善其事的「工夫茶茶葉」和「工夫瀹茶法」的原意。

---

2 楊儒賓、祝平次編：《儒學的氣論與工夫論》（上海：華東師範大學出版社，2008 年），本書是「儒學的氣論與工夫論國際研討會」的會議論文，全書共十三篇文章。

3 羅竹風主編：「工夫」，《漢語大詞典》（香港：三聯書店，1988 年），卷二，頁 952。

二、以工夫茶為名的茶葉

工夫茶一名源出於武夷山茶葉品種之一，在早期經典的茶文獻中，見於由陸廷燦（生卒不詳）約於1734年編成的《續茶經》內，此書三卷及附錄一卷收在《四庫全書》，在《四庫全書總目》關於此書的提要中，先有對陸廷燦本人的介紹如下：

> 自唐以來，茶品推武夷。武夷山即在崇安境，故廷燦官是縣時，習知其說，創為草彙。歸田後，訂輯成編。冠以陸羽《茶經》原本，而從其原目採摭諸書以續上。……[4]

陸廷燦是崇安縣（今武夷山市）知縣，對武夷茶及其品種了解至深，撰寫《續茶經》一書時，在〈八茶之出〉一章中，引用《隨見錄》所述，說武夷山有出產茶葉名「工夫茶」。因《隨見錄》的作者和成書年代不詳，故只按《續茶經．八茶之出》內的原文引述如下：

> 武夷茶在山上者為巖茶，水邊者為洲茶。巖茶為上，洲茶次之。巖茶北山者為上，南山者次之。南北兩山，又以所產之巖名為名。其最佳者，名曰工夫茶。工夫茶上，又有小種，則以樹名為名。每

4　陸廷燦：《續茶經》，載永瑢：《四庫全書總目》（北京：中華書局，1965年），卷115，子部廿五，譜錄類，食譜，頁989。

株不過數両，不可多得。洲茶名色有蓮子心、白毫、紫毫……等類。[5]

從上文可見，「工夫茶」是指茶葉，最初是武夷茶品種內的一種名優茶葉名稱，出產於福建省閩北武夷山一帶。在寫瀹茶法何時使用工夫茶這名稱前，為了解其來源前因，故先讓大家了解作為茶葉名稱的出處和解讀，再談工夫茶從習尚之風漸次成為民俗的源流。

清朝中葉乾隆盛世，對各種茶葉需求殷切，北方官俚語中對茶也有很多專用的稱謂；1748 年，清代蔡伯龍（生卒不詳）著《官音彙解》[6]，書內為方言列出了官方的正音和解釋，包括很多茶的詞彙，其中「茶米、好茶」兩名詞的官話正是「茶葉、工夫茶」，書中所說的「好茶」是「工夫茶」，兩個名詞的原意應是作為「茶葉」及「名優茶葉」的名稱，並非指工夫瀹茶法，可見此期間（1748 年前），北方官俚語和閩粵等地方，仍未以工夫茶作為瀹茶法的專用名稱。

《官音彙解》於 1748 年後流通於北方及蔡伯龍原籍的漳州（閩南）。當時皇帝對於閩粵一帶的官員，認為他們講起官話聽着難受（所謂「天不怕、地不怕、就怕老廣説官話」），下令閩粵地方官多推廣「官音」，大體就是現在的普通話。漳州人蔡伯龍編成此書，把漳州話與官話詞彙對照，讓閩南鄉親可

5 陸廷燦：〈八茶之出〉，《續茶經》，載《景印文淵閣四庫》（台北：商務印書館，1985 年），第 844 冊，頁 766。

6 〔清〕蔡伯龍：〈新刻官話彙解，便覽卷上 · 飲食調和〉，《官音彙解》（霞漳顏錦華藏板，乾隆初年，頁 44）。資料來源：日本關西大學圖書館藏。「茶米、好茶」的官話正音為「茶葉、工夫茶」。

以輕鬆學官話。想不到兩三百年後，普通話人人會講，這本書反要倒過來讀，從普通話詞彙中，來認識漳州（閩南）話。

三、以工夫茶為名的小壺瀹茶法

明朝開始流行的瀹茶品茗方式，有壺泡和杯泡兩種方式。初期壺泡茶湯均採用容量較大的茶壺，其後漸次趨向選用小壺，在潮汕地區善於品茗的潮州人，發覺用小壺小杯的茶具，能輕易沖泡出色香味美的熱茶湯。因沖泡時工序講究，細緻用心，故稱此沖泡的方式為「工夫茶」。

工夫茶一名另一次在早期文獻上出現，是距清乾隆初《官音彙解》把漳州話的「好茶」解作工夫茶的數十年之後。這次「工夫茶」從茶葉名稱變成清代的小壺瀹茶法，乾隆五十八年（1793 年）在興寧縣任典史的俞蛟（1751－？），生平愛遊歷，將見聞所得筆記輯錄成《夢庵雜著》，於 1801 年刊印面世，書內收錄一篇〈工夫茶〉，[7] 是俞蛟遊歷潮州嘉應等地所見風俗習尚的筆記，述及以小壺瀹茶的品茗模式，因潮汕人稱工夫茶，故俞蛟視此種品茗方式的烹治之法為工夫茶。從〈工夫茶〉一文二百多字的敍述可見，此時的工夫茶所指，已別於上文所指的工夫茶葉，而是流通於粵東潮州和嘉應州一帶的品茗風俗。粵東潮州位於福建省西南方，距閩北盛產工夫茶葉的武夷山約七百多公里外，加上前後約數十年的年代變遷，工夫茶

7 〔清〕俞蛟著，駱寶善校點：〈工夫茶〉，《夢庵雜著》（上海：上海古籍出版社，1988 年），卷十，頁 186。

這名詞在此時期產生兩個不同的意思，一作茶葉，另一作小壺瀹茶法。因坊間有文章提及俞蛟〈工夫茶〉一文時，誤為「功夫茶」，為參閱原內容作引證，筆者曾在美國哈佛大學漢和圖書館藏書庫內，找到《夢庵雜著》一書卷十的〈工夫茶〉一文確認。[8]

俞蛟在〈工夫茶〉裏描述了清代工夫茶的茶具、格式和流程，可見以小壺瀹茶在粵東作為品茗習尚已成雛型，器皿齊備，其規程的工序也很考究。值得注意的是，文中說投用的茶葉「閩茶」是武夷茶，應包括上文提及《隨見錄》所說武夷山一帶的名優品種工夫茶葉。乾隆年間（1736－1795），文獻中用工夫茶這名詞表示小壺品茗，均未見於粵閩兩地。我國茶學泰斗吳覺農於 1948 年編的《中國地方志茶葉歷史資料選輯》，收錄全國地方志，時間涵蓋從南宋嘉泰（1201－1204）至民國三十七年（1948）共八百多年，[9] 書內所述我國各地方志，均沒有工夫茶品茗或類似的茶民俗，可見俞蛟筆下稱作「工夫茶」的瀹茶法，是最早（1801 年前後）和唯一出現在潮州和嘉應一帶流行的茶民俗專用名稱。

四、工夫茶作為外銷的茶葉

俞蛟在十六世紀末寫《夢庵雜著》的成書前後，經潮汕

---

8 〔清〕俞蛟：〈工夫茶〉，《夢庵雜著》，敬藝堂藏版，道光八年（1828 年）刻刊，卷十，頁 8-9。資料來源：美國哈佛大學漢和圖書館藏。

9 吳覺農編：《中國地方志茶葉歷史資料選輯》（北京：農業出版社，1990 年）。

地區轉運的閩茶數量龐大，廣潮商人大量從福建採購茶葉，經廣州轉銷國內各地和外銷東南亞、歐洲。在外銷茶葉品種中，大量在閩北種植的茶葉，以「工夫茶」名稱出口歐洲。1807年倫敦傳道會派遣來華的傳教士馬禮遜（Robert Morrison, 1782－1834）編著 *A Dictionary Of The Chinese Language*，此字典是最早期的《英華字典》，由英國東印度公司於1822年在澳門印刷，字典內「CONGO TEA」的中譯為「工夫茶」茶葉，英文詮釋為「the tea requires much work 」，意思是「這種茶（茶葉）須很多工夫」，[10] 可見俞蛟將粵東潮州品茗民俗稱為「工夫茶」的同一個時期，福建茶商以「工夫茶」作為一種外銷茶葉品種的名稱。

此後，在1908年出版的另一本《英華大辭典》，[11] 由上海、香港兩地的中國學者編寫。此年代對「CONGO」的詮釋，已有很大區別，辭典的編者並未以早期原意解釋「CONGO」，詞條內明顯地指出這是「紅茶名」（茶葉種類名稱），英文詮釋為「A species of black tea from China」，意思是「一種黑茶來自中國」，沒有了「這種茶葉須很多工夫」的意思。

晚清時期在香港出版發行的月刊《遐邇貫珍》，[12] 也有報道外銷茶葉的訊息，茶葉是以「工夫茶」作名稱出現。文中刊出在英國的「工夫茶」售價報道，可見此外銷茶葉名稱，早期

10　馬禮遜編：《英華字典》（澳門：英國東印度公司澳門印刷廠，1822年），頁88。「Congo Tea」中譯：工夫茶。

11　顏惠慶編：《英華大辭典》（上海：商務印書館，1908年），頁452　。「Congo」中譯：紅茶名（按：編者不詮釋作工夫茶）。

12　《遐邇貫珍》（Chinese Serial）是香港第一份中文報刊，創立於1853年8月，由香港英華書院以竹紙單面鉛印，16開線裝書形式發行。

曾在中外及香港被採用，並深入民間。

十七世紀初開始，英語「Congo」的中譯名稱，是閩北武夷岩茶的一種名優茶葉「工夫茶」。在龐大的產量及外銷金額的連帶關係下，此種產銷互動促成的影響很深遠，近代著名茶學者莊晚芳，稱武夷岩茶是「工夫紅茶」的始祖，[13] 由此可知，福建是把「工夫茶」作為茶葉品種名稱，自十七世紀開始沿用，有其歷史遠因。

晚清時期，在歐洲和美國進口茶葉的數量之中，中國佔絕大多數份額，其後外國茶商在印度和錫蘭（現斯理蘭卡）各國，用原地茶樹苗繁殖，大量種植後採購，我國份額因而大幅度被取替，影響茶農生計及損失大量茶葉外匯收入。

為了解此期間的外銷數據，本書查閱 1830 年英國下議院一份寫於《中國貿易》的報告，報告列出英國於 1829 年共進口重量達三千萬磅（30,269,418lbs）的多種中國茶葉，當中的工夫茶葉「Congou」數量有二千多萬磅（按：原英文名稱「Congo」，被改稱作「Congou」，以免誤作中非洲國家「剛果民主共和國，Democratic Republic of Congo」）。1830 年往後五十年間，中國工夫茶葉的出口量達到高峰，1880 年更跳升十倍達到二億二千多萬磅，再比較 1880 至 1920 期間的出口量（表 2-1），又由高峰轉低，1920 年我國工夫茶葉的出口量，只得一千七百零四萬磅，是 1880 年出口高峰量的 7.69%，更遠低於 1829 年，對我國民生和經濟產生極大影響。清末民初工夫茶葉外銷的銳減幅度，大大降低此茶葉在粵閩間的普及和知

13　莊晚芳等編：〈武夷岩茶 —— 工夫茶葉始祖〉，《中國名茶》（杭州：浙江人民出版社，1979 年），頁 10。

名度。曾是晚清的龐大出口產值和知名度高的名優茶葉——工夫茶「Congou」，此名稱往後在國內的文獻便鮮被採用，繼後改稱紅茶或工夫紅茶。1829 至 1920 年度期間，中國茶葉出口數量的變化，現表列如下：

表 2-1：1829 － 1920 年中國茶葉出口數量變化表

年份	輸出地	各種茶葉輸出量	工夫紅茶 Congou 輸出量
1829	英國	30,269,418 磅	20,112,783 磅
1870	各國	184,087,033 磅	144,913,229 磅
1880	各國	279,545,829 磅	221,454,622 磅
1890	各國	222,001,686 磅	153,440,564 磅
1900	各國	184,530,389 磅	115,087,754 磅
1910	各國	208,054,640 磅	84,448,883 磅
1920	各國	40,846,053 磅	17,040,006 磅

資料來源：1829 年的數據來自，*China Trade - Tea* (London：The House of Commons Report, 1830。
1870 至 1920 年的數據來自吳覺農，胡浩川著：《中國茶業復興計劃》（上海：商務印書館，1935 年），頁 74 － 77。

吳覺農主編翻譯的《茶葉全書》[14]，亦有提到英國下議院《中國貿易》1830 年報告中的「Congou」(即中國工夫紅茶)，報告內二千多萬磅的工夫茶葉，是當年英國進口各種茶葉量的百分之六十六。乾隆二十二年（1757 年）起，原本在江浙閩粵四大對外通商的海關口岸，改為廣州一口通商，使大量閩茶從閩南內運到廣州，集中在十三行出口外銷。1842 年，《南京

14 中國茶葉研究社翻譯、吳覺農主編：《茶葉全書》(上海：中國茶葉研究社，1949 年)，原書資料：William H. Ukers, *All About Tea* (New York: The Tea and Coffee Trade Journal Company, 1935).

條約》簽訂，開始五口通商，茶葉才就近從各口岸直接出口。在十九世紀初中期，已可見數量龐大的茶葉商品，廣泛地在粵閩兩省作實體的貿易交往。此期間茶商採用英文「Congou」作工夫茶外銷的商品名稱；到清末民初，1908 年出版的《英華大辭典》[15]，書內有關「Congou」的詮釋（見上文）已改稱為紅茶，而不再以「工夫茶」稱之。

晚清民初期間，因外銷興盛的關係，曾把「工夫茶」作為紅茶的品種名稱。在潮汕地區，為免「工夫瀹茶法」和「工夫茶葉」兩者混淆，故俞蛟在其筆記中，將來自武夷產區的工夫茶、烏龍茶及岩茶等茶葉，均統稱作「閩茶」以示區分。閩茶之名源於《閩小記》，作者周亮工（1612－1672），河南祥符縣（今開封市）人，書內有〈閩茶〉及〈閩茶曲〉兩篇文章，[16]後世稱武夷岩和各類福建茶等為閩茶，先見出於此書。周亮工著作多而廣，曾收入《四庫全書》。後雖被撤回，卻可見其著作曾受清朝政府所重視，俞蛟為官多年，見多識廣，其所指閩茶，應是早知其名，或見於清初周亮工的《閩小記》，閩茶當中，理應包含聞名粵閩兩地慣稱的工夫茶葉。

俞蛟由 1793 年任興寧縣典史至 1801 年寫《夢庵雜著．工夫茶》期間，四處遊歷，足跡所到，北至直隸南達兩廣、桂林，交遊見聞頗廣，理應聽聞及品嚐閩北名產「工夫茶」品種。文中沒提及此茶葉名稱，而把烹治之法稱工夫茶，可佐證 1793 年前後，工夫茶是粵東一帶品茗習尚的慣用名稱。在乾

15 顏惠慶編：《英華大辭典》（上海：上海商務印書館，1908 年），頁 453。資料來源：台灣：近代史數位資料庫藏。

16 周亮工，來新夏校點：〈閩茶〉，《閩小記》（福州：福建人民出版社，1985 年），頁 12。

隆至嘉慶期間，其流通的地域應只限於粵東潮汕一帶，其他地區暫沒稱這種以小壺瀹茶的方法為「工夫茶」。至於文中的品飲過程和方式，被公認作為最早期的文獻，亦是今天潮汕人沖泡工夫茶所沿用的模式

至於福建地區，因把「工夫茶」作為茶葉的名稱，故此地的小壺瀹茶法，程序雖然和潮汕地區大致相若，但改以「功夫茶」為名。由於粵東和福建兩地在此期間分別出現兩個不同的名稱，故須分別闡述。

五、功夫茶名稱的出現

距俞蛟稱小壺瀹茶之法為工夫茶約五十多年後，清代施鴻保（1804－1871）於咸豐八年（1858）撰成《閩雜記》，書中有〈功夫茶〉一文，[17] 此名稱的出現，為小壺瀹茶的名稱增添另一說法。在此須先分開說明閩南的功夫茶，以令讀者知其分別和演變。

瀹茶品茗在廣東省潮州稱為工夫茶，是善其事及工序考究的意思；在福建則稱之為功夫茶，或取其功力獨到之意。「功」字的意思，按《康熙字典》，解作功勞和功績，[18] 也可作功力或功效之意，如武功和功課。施鴻保《閩雜記》把功夫茶作為瀹茶品茗的名稱，應是源於當地已有茶葉稱工夫茶而特意作出區

---

17 施鴻保：《閩雜記》，咸豐八年戊午（1858 年）刻印本，卷十，功夫茶，頁 1。資料來源：美國，哈佛漢和圖書館藏。

18 「功」，《康熙字典》（香港：中華書局，1958 年初版，2000 年再版），頁 74。

分。為明瞭工夫茶和功夫茶兩名稱的出處及時序，上文已介紹俞蛟的〈工夫茶〉，以下則介紹《閩雜記》內的〈功夫茶〉。

按《閩雜記》裏的〈功夫茶〉一文所述，「功夫茶」是指福建省漳州泉州各地小壺瀹茶品茗的風俗，在眾多古籍文獻中，《閩雜記》應是最早出現「功夫茶」一名。其取名的原因，應源於福建民間已把名優茶葉稱「工夫茶」在先，到晚清時期，此茶葉外銷產值龐大，便廣為人用。為免混淆，故福建的小壺品茗方式便稱作「功夫茶」，以示分別。而潮汕民間的品茗風俗，則慣常用「工夫茶」此名稱，而把工夫茶葉及福建種植的各種茶葉，統稱為「閩茶」。

晚清時期，兩個一字之別的小壺品茗方式名稱，分別出現在粵東潮州和福建這兩處地域流傳和採用。潮州和閩南漳州兩地的最近距離只有116公里，難怪古人有說：「百里不同風，千里不同俗。」只相距百多公里的品茗民俗，便有如此不同的名稱。《閩雜記》一書較俞蛟書遲面世五十多年，文內雖無列出與潮汕地區的工夫茶習尚作比對，不過描述所用茶具及品茗模式相若。至民國十年（1921年），筆名小橫香室主人（生卒不詳）編的《清朝野史大觀》，有一篇〈功夫茶二則〉，[19] 文內述及：「閩之汀漳泉三府、粵之潮州府，功夫茶為最，其器具亦精絕。」全文大半談潮郡茶事和抄錄俞蛟的〈工夫茶〉原文；其文錯將潮閩兩地茶俗名稱相互混淆，故不贅述。及後「功夫茶」的名稱鮮有在各種文獻資料出現。民國後，「功夫茶」再

19 小橫香室主人編：〈清代述異．功夫茶二則〉，《清朝野史大觀》（台北：中華書局，1921年版，1971年重印），上冊，頁254。

被文獻引用提及，是 1956 年在日本出版的《大漢和辭典》，[20] 辭典內分別有「工夫茶」和「功夫茶」的詮釋，兩詞條同時出現，詳見本書附錄一。

2020 年 11 月 24 日，福建省漳州市公佈將「閩南功夫茶習俗」列入漳州市第八批非物質文化遺產代表性項目，項目由漳州市雲霄縣申報，保護單位為：雲霄縣海峽兩岸茶業交流協會、漳州市海峽兩岸茶業交流協會和漳浦縣茶業發展交流協會等，各會為「閩南功夫茶」民俗作出工作和貢獻，使其成為福建省乃至全國第一個功夫茶習俗非遺項目。[21]

六、工夫茶納入潮州風俗志

晚清之際，民眾把工夫茶作為通用之詞，故此詞同時具有茶葉名稱和小壺瀹茶方式兩種涵義。民國後，「工夫茶」則主要是指茶俗。而最早把「工夫茶」詮釋為潮州所尚品茶之事，是 1915 年初版的《辭源》，此詞典是民初首部工具書，

---

20 諸橋轍次：《大漢和辭典》（東京：大修館書店出版，1956 年），「功夫茶」，頁 1449；「工夫茶」，頁 3746。

21 2020 年 11 月 24 日《漳州市人民政府關於公佈第八批市級 非物質文化遺產代表性項目名錄的通知》，通知編號：漳政綜 2020_59 號。

由前清舉人陸爾奎（1862－1935）所編，[22]書內詞條「工夫茶」內的詮釋，説其內容見《潮嘉風月記》，查此書出版日期不詳，是摘錄自俞蛟著《夢庵雜著》卷十《潮嘉風月》，後被影印重刊，收入《叢書集成續編》。[23]《辭源》把工夫茶習尚的地區、茶具、茶葉均詳細列出：

> 廣東潮州所尚品茶之事。其烹治法。本諸陸羽茶經。器具甚精緻。細白泥爐。形如截筒。高尺二三。壺用宜興。瓷大者可容半升許。杯盤用花瓷。杯小而盤如滿月。壺及杯盤。舊者貴如拱璧。烹時先將泉水貯鐺。用細炭煎至初沸。投閩茶於壺內沖之。蓋定復徧澆其上。然後斟而細咽之。氣味芳烈。見〈潮嘉風月記〉。[24]

由此可反映中國帝制結束前後，工夫茶在民間已是作為潮汕地區瀹茶品茗的慣用詞彙，此無疑消除了「工夫茶」一詞具

---

22 陸爾奎，江蘇武進人，晚清舉人，1906 年入上海商務印書館。1908 年任商務印書館創設辭典部部長，着手編纂《辭源》，1915 年成書。他是中國近代第一位詞書編纂家，卻鮮人為他立傳介紹。最早版本的《辭源》刊有陸爾奎所寫的《辭源説略》（該文同時發表於《東方雜誌》1915 年 12 卷 4 期）作為前言。這是中國第一篇比較系統地闡述現代化詞書的重要意義、類型、編纂原則和方法等詞書學文獻。其中提出「國無辭書，無文化之可言也！」的名言，被陳原在〈《辭源》修訂本問世抒懷〉一文（見《辭書研究》1984 年第 2 期），譽為「在七十年前提出這樣的警句，不能不認為是有識之士的前瞻」。

23 《潮嘉風月記》，收入《叢書集成續編》（台北：新文豐出版公司，1988 年），第 212 冊，頁 4-10。

24 陸爾奎等編：「工夫茶」寅集，《辭源》（上海：商務印書館，1915 年初版），頁 156。

兩個不同意思的混亂局面。清末民初，《辭源》詞條的詮釋，引證工夫茶已被公認為潮汕地區的品茗習尚，一種有沖泡規程的飲茶風俗。此時期的茶具已趨多樣化，除慣用的江西若深杯和宜興紫砂壺外，當時已流行雙層茶盤、朱泥壺，薄砂銚（陶製煮水器）和紅泥爐，此等茶具均在潮州本土製作，工夫茶的品茗模式大量加入當地元素，因而進一步影響東南亞、台灣、日本長崎等地茶人茶商，親身到潮州採購茶具和學習沖泡模式。

新中國建國初年，翁輝東（1885－1963）藉過往在民國年間品茗的經驗，寫成〈潮州茶經．工夫茶〉一文，內把潮州地方沖泡工夫茶的模式、使用器具、沖飲程式均詳細記錄下來。於 1957 年清明，〈潮州茶經．工夫茶〉以手寫油印本形式在他經手出版的《潮風》發表，海內外報刊發表有關工夫茶的文章時，多引用〈潮州茶經．工夫茶〉文中的內容，可見此文精要詳盡，深受各界欣賞和認同。此後海內外工夫茶的沖飲程序、使用器具，均以此作鑑（附錄二）。正如文中所說「嘉會盛宴，閑處寂居」，處處均見工夫茶的蹤影，〈潮州茶經．工夫茶〉自此便成為工夫茶的經典和公認的模式，文章其後被潮州風俗志選用。有關內容在本書下章「工夫茶的傳播及各地特色」中另作詳細介紹。

1996 年潮安縣政協文史委員會編刊的《潮安文史》創刊號徵稿，收到林少亮從庵埠文化站得來，曾登於《潮風》期刊內寫工夫茶一文的油印本，並重新排版刊登，自此翁輝東的〈潮州茶經．工夫茶〉一文便公諸於世，[25] 林少亮在創刊號

25 翁輝東：〈潮州茶經．工夫茶〉，載潮安縣政協文史委員會編：《潮安文史》創刊號（1996 年 12 月），頁 147。

內，並發表附記一文，談及翁輝東的的心血，和能公諸於世的歷程。

國學大師饒宗頤教授建國前編撰《潮州志》時，〈潮州茶經．工夫茶〉未及列入，待2005年重編之際，便把翁輝東撰寫的〈潮州茶經．工夫茶〉納入《潮州志》風俗志第八卷內，以〈茶經．工夫茶〉為標題。[26] 自清初流行於潮汕的工夫茶俗，正式納入地方志文獻。我國各地方志鮮有像《潮州志》把一地的泡茶方法納入風俗篇內，可見潮汕人品茗風俗的重要地位，成為我國茶文化歷史中，具潮汕特色的品茗模式。

七、潮州工夫茶藝列入中國非遺民俗

建國後，我國積極發展及扶助農植業，潮州鳳凰山本土種植茶葉的改良和發展得到成果，經適度發酵和烘焙的鳳凰單叢（青茶類），[27] 因適合工夫茶沖泡的模式，輕易發揮出茶葉花香味的優點，品茗風俗越加在潮汕地區大為普及，家家戶戶品飲鳳凰單叢或嘉會盛宴以敬客，此期間由翁輝東撰文詳細描述的工夫茶模式和規程，大受潮汕民眾歡迎和採用。謹借錄翁輝東〈潮州茶經．工夫茶〉序文中數句如下，便可知其時風氣之

26 饒宗頤總纂：〈茶經．工夫茶〉，《潮州志》（潮州市地方志辦公室，按1949年版重編，2005年印），卷八，頁3495。

27 2010年4月6日，國家知識產權局批准廣東省潮州市潮安縣「鳳凰單叢（欉）茶」實施地理標誌產品保護。（中國地理標誌網：公告2010年第30號）。

盛，並傳承至今天。

> 解放以來，京省人士，蒞潮考察者，車無停軌。他們見到……民間之泥塑挑繡，稱為美麗的潮州。其最嘆服者，即為工夫茶之表現。他們說潮人習尚風雅，舉措高超，無論嘉會盛宴，閑處寂居，商店工廠，下至街邊路側，豆棚瓜下，每於百忙當中，抑或閒情逸致，無不借此泥爐砂銚，擎杯提壺，長斟短酌，以度此快活的人生。……梓園叟識。公元一九五七年　清明日。[28]

改革開放後，潮汕人品茗之風更為考究，茶具器皿和多樣化的鳳凰單叢茶葉，式式俱備。退休前在廣東韓山師範學院從事教學工作及潮汕文化研究的學者陳香白，認為潮汕百姓注重沖泡的技巧，即如何服務茶湯，讓美味的茶湯表現更出眾，擅長泡茶的潮汕人已把茶席變成物化了的情意和體感；陳香白先生是潮州工夫茶代表性傳承人，這位幽默的茶界大師，年逾古稀，而茶心充滿我國禮儀的情懷，對工夫茶的歷史發展和內涵，有如下的看法：

> 潮汕民眾的工夫茶是：「茶的藝術，包括以『品』為主井然有序的飲茶方式，顯示高雅，表達禮儀、寄託情誼，反映素質，表現自我，其『美』無

28　翁輝東：〈潮州茶經．工夫茶〉，載潮安縣政協文史委員會編：《潮安文史》創刊號（1996 年 12 月），頁 147。

窮。……它能使聞風者內心深處，洋溢着一種無限嚮往的情思，這大概可稱之為意境美。」[29]

陳香白對工夫茶的哲理觀，加上翁輝東〈潮州茶經・工夫茶〉泡茶細節的詳述，令國人認識潮州工夫茶瀹茶品茗及禮賓情誼。有見此兩種內外兼備的茶文化優點，國務院於 2008 年 6 月 7 日批准文化部將「潮州工夫茶藝」列入國家級非物質文化遺產代表性項目名錄，該項目由廣東省潮州市申報，類別為「民俗」。

從以上有關工夫茶涵義的歷史變化，可見其名稱從最初的名優茶葉變為品茗模式，成為粵東潮汕的茶風俗，繼而傳播全國，遍及東南亞和海外，藉優化的文化內涵，成為多數人認同的國家級民俗茶藝。

八、工夫茶名稱的變化及地域距離

明代瀹茶法形成後，在清代，利於小壺瀹茶的工夫茶葉大受歡迎。在不同年代和地域的影響下，工夫茶葉的名稱有不一樣的變化。以下綜合各種説法和詮釋，按其出現年份的先後次序，編成「工夫瀹茶法名稱及相關詮釋文獻資料（1734-2023

29 陳香白：〈潮州工夫茶與儒家思想〉，《潮州文化述論選》（廣州：中山大學出版社，1993 年），頁 119-127。

年）」（附錄一），表內也有提及功夫茶名稱的文獻，是經查閱地方志、期刊、外語書籍的記載和字典、詞典等整理而來，以引證其變化歷程。

附錄一列表內，工夫茶名稱的出現如按地區的分佈（圖 2-1），初是指在閩北武夷山一帶種植的名優茶葉，茶商採購出售，由北南下漳泉等地，也經潮州轉售和外銷，數量龐大。在粵東潮汕，「工夫茶」卻是作為瀹茶品茗模式的名稱。閩北武夷山與粵東潮汕直線相距 472 公里，[30] 工夫茶的名稱在同一條傳播路線上的潮閩兩地，便各有所指稱，此不同涵義的變化，皆因地域距離生出不同的風俗文化所影響而成。

民初時期，社會開始廣泛認識到以「工夫茶」作為品茗民俗的名稱，可說是眾多民間編印的詞典工具書對工夫茶的詮釋促成。當中以 1915 年出版的《辭源》算為最早，其在全國發行而普及於各階層；之後便出現在很多不同版本的工具書中，如 1936 年版《辭海》、1956 年版《大漢和辭典》、1981 年版《重編國語辭典》和 1988 年版《漢語大辭典》等，各詞典均有詮釋工夫茶的詞條（詳見附錄一內文）。從各版本的詮釋，可見工夫茶的知名度遍及全國，受到認同及確認為粵東和閩南的品茗民俗。

1915 年出版的《辭源》，首先只有「工夫茶」詞條，稍後在 1956 年出版的《大漢和辭典》，才分別詮釋「工夫茶」、「功夫茶」兩詞條。兩名稱在詞典的出現時間相差四十年，流行的地點分別在粵東潮州和閩南漳泉，潮州市和漳州詔安縣兩地相距短至 57 公里（圖 2-1）。兩地用字的差異，是風俗和歷史遺

30　按網頁地圖上潮州與武夷山市直線距離計算，下同。

留的問題，各自的使用已有很長時間。「工夫茶」、「功夫茶」兩個名稱雖各異，但相若的瀹茶模式卻見於潮閩兩民系的茶風俗，可見其共通之處，兩者均為本文所稱的「工夫瀹茶法」。當代「工夫茶」需要面對的不是名稱是否一致，重點是向世人展示其優異的品茗民俗，才能把我國的茶文化和禮儀，與世人分享，發揚光大。

現就「工夫茶」在不同地點有三種不同的說法出現，以地圖形式標示，從中可見三地距離。（按：次序依名稱在文獻出現的年份作先後排列）

圖 2-1：工夫茶名稱出現的三個不同地區及距離圖

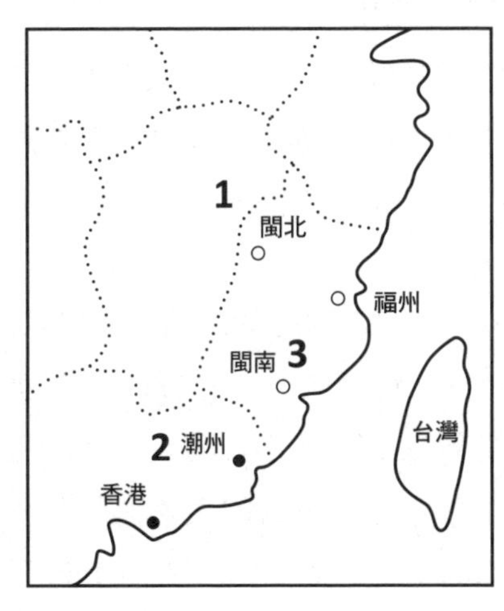

(1) 工夫茶茶葉名稱見於 1734 年的閩北（武夷山市），距潮州市 472 公里

(2) 工夫茶品茗名稱見於 1801 年的潮州市，距閩南（漳州詔安縣）57 公里

(3) 功夫茶品茗名稱見於 1858 年的閩南（漳州市），距閩武夷山市 291 公里

注 1：1945 年後，「功夫茶」一名在台灣出現，往後有稱「老人茶」至今。

注 2：里數按直線相距計。

總結地圖上各個工夫茶名稱出現的地區所得，現歸納為下列三點：

第一，工夫茶作為茶葉名稱，在 1734 年，原是閩北武夷岩茶（烏龍茶）的名優茶葉之一，因外銷蓬勃，本是部分發酵青茶類（烏龍茶）製法的工夫茶，受外銷帶動的影響，把茶葉製法改變成全發酵的紅茶類（西方稱「Black Tea」），1822 年西方傳教士編的《英漢字典》，以英文「Congo Tea」稱之，中譯名是「工夫茶」。[31] 清末於1908年由上海商務印書館出版的另一本《英漢大辭典》，已把「Congo」(Congou)的中文譯名改為「紅茶名」，[32] 此後多將「Congou」改稱為紅茶或中國工夫紅茶，「工夫茶」原作為武夷岩品種的名稱，便成為歷史，少為人知。

第二，工夫茶作為品茗模式，在乾隆期間盛行於遠離工夫茶葉發源地武夷山以南472公里的潮州。1801年俞蛟撰《夢庵雜著·工夫茶》，[33] 指潮州嘉興一帶品茗的烹治之法是「工夫茶」，自此茶人和學者便以「工夫茶」作為潮汕人品茗模式的名稱，此名稱一直被潮汕、香港和東南亞地區的潮汕民系沿用至今。究其所用茶葉品種，並非單純是武夷山的工夫茶葉，而有各樣福建茶葉(烏龍茶)，故統稱「閩茶」。1949年，建國後潮汕地區品茗所用的茶葉，漸改用潮州本土種植的鳳凰單叢茶葉(烏龍茶)為主。

第三，功夫茶品茗模式在鄰近潮州東面的閩南出現，名稱初見於1858年清代施鴻保寫的《閩雜記·功夫茶》。福建茶商及民眾着重工夫茶葉(烏龍茶)的製作技藝，故不像鄰近的潮汕地區，以「工夫茶」作為品茗模式的名稱。改革開放後，論述「功夫茶」沖泡和特色的文獻，有吳秋山(1907－

31 馬禮遜編：《英華字典》(澳門：英國東印度公司澳門印刷廠，1822年)，頁88。資料來源：台北，近代史數位資料庫。

32 顏惠慶編：《英華大辭典》(上海：商務印書館，1908年)，頁452。「Congo」詮釋作紅茶名。資料來源：台北，近代史數位資料庫。

33 〔清〕俞蛟著，駱寶善校點：《夢庵雜著》(上海：上海古籍出版社，1988年)，卷十，頁186。

1984）於1981年撰的〈功夫茶考〉、[34] 黃賢庚在2009年撰的〈工夫茶與功夫茶的區別〉，[35] 兩篇文章引用清末民初的各種文獻。文獻之外，2013年，吳雅真的「閩式功夫茶泡茶程序」（亦稱福建功夫茶），共述十八道程序，[36] 藉此在福建發揚「功夫茶」的品茗民俗和展開推廣。2020年11月24日，「閩南功夫茶習俗」列入福建省漳州市第八批非物質文化遺產代表性項目名錄。

「工夫茶」出現於潮閩鄰近地區內的三個相若名稱，包括工夫茶葉、工夫茶和功夫茶兩種品茗模式，因歷史遺留而有不同的意思。潮閩兩地的茶民俗，同樣地以工夫瀹茶法品茗，也是用作迎客敬茶禮儀的風俗。國家在積極推動非遺文化的同時，應帶動以家庭為重心的茶席形式，來體會及發揚兩地的民俗茶藝，期望在持續的提倡下，使新生代感受到工夫茶俗的美育和德育內涵精神。

工夫茶名稱的迥異，素來引起學者關注，「工夫茶」一詞作為品茗民俗的認知度，當今已取代了曾是重要內外銷農產品的「工夫茶」茶葉。縱然工夫茶成為社會上重要的品茗習尚之風，卻鮮有學者就數百年歷史的工夫茶俗模式，研究其在各地的傳播和沖泡過程中的特色，實為工夫茶民俗研究的一大闕漏，下章就此課題進行探研。

---

34 吳秋山：〈功夫茶考〉，《福建茶葉》第3、4期（1981年）。

35 黃賢庚：〈「工夫茶」與「功夫茶」的區別〉，《武夷茶説》（福州：福建人民出版社，2009年），頁131。

36 吳雅真、左莉煒編：《烏龍悠韻》（福州：福建人民出版社，2013年），頁97-99。

第三章

工夫茶的傳播及各地特色

工夫茶在清代廣受粵東閩南各地百姓喜愛，其沖泡技藝和茶俗亦為文人所撰述及在各地流傳，廣為人知。此獨特的品茗習尚、茶具和瀹茶方法，在潮閩保留得最完整和詳盡，藉民間的口傳身授得以傳播各地。晚清及其後社會局勢的變遷，造就粵東閩南（潮閩）民眾大量移居香港、台灣和南洋等地，為各地帶來工夫茶民俗。工夫茶民俗在各地普及和傳播的過程中，因不同社會風尚和茶葉品種的採用，加上地緣環境等因素，形成不同的傳播特色。現按時代把不同地區的沖泡模式，依規程先後列表和說明，以作比對。

一、清代工夫茶的傳播

清代品茗之風秉承明朝的瀹茶法。明朝製茶工藝的改良，源於粵東閩南一帶接近種植產區，藉地利得以品嚐各種新的名優品種，潮汕人善於瀹茶品茗，多以新工藝製的散茶沖泡。其時各地文人雅士，也樂於此而加以撰文記述潮閩人品茗瀹茶的各種技巧。1801 年，浙江省山陰人俞蛟的《夢庵雜著．工夫茶》最早述及的粵東瀹茶器皿和模式，是工夫茶早期的文獻記載。此外，咸豐（1851－1861）初年，河北省遷安人高繼珩（1797－1865），由河間大名（河北省邯鄲市大名縣）教諭，任廣東鹽場大使，有與南方省份朋友交往，按聽聞寫的《蝶階外史．工夫茶》，已具體道出工夫茶選茶和沖泡的特色，其文如下：

> 工夫茶閩中最盛，茶產武彝諸山，採其芽窨製如法，友人遊閩歸，述有某甲家巨富，性嗜茶。……每茶一壺，需爐銚三候湯，初沸蟹眼，再沸魚眼，至聯珠沸則熟矣。水生湯嫩，過熟湯老，恰到好處頗不易。……第一銚水熟，注空壺中盪之潑去，第二銚水已熟，預用器置茗葉，分兩若干立下，壺中注水，覆以蓋，置銅盤內；第三銚水又熟，從壺頂灌之，周四面，則茶香發矣。[1]

高繼珩寫烹水注湯的三個程序。先熱壺後淋壺，能令茶的香氣散發，可見其時沖泡方法已有改良，以簡易的技巧使茶葉發揮優點，令工夫茶的品茗方法為人樂用，得以進一步廣泛傳播。

徐珂（1868－1928），浙江杭縣人，光緒十五年（1889 年）鄉試中舉，民初乘在商務印書館任編輯之便，選輯清人筆記和參考報刊記載，編成《清稗類鈔選》數十冊，1917 年在上海以鉛印本發行，此書記述清末各地的奇聞逸事，當中〈邱子明嗜工夫茶〉寫道：

---

1 高繼珩著、周郁浩標點：「工夫茶」，《正續蝶階外史》（上海：大達圖書供應社，1935 年），頁 65。

> 閩中盛行工夫茶，粵東亦有之，蓋閩之汀漳泉，粵之潮，凡四府也。烹治之法，本諸陸羽茶經。……閩人邱子明篤嗜之，其法，先置玻璃甕於庭，經月輒汲新泉水滿注一甕，烹茶一壺，越宿即棄之，別汲以注第二甕……[2]

文中説出在粵東潮州及閩南汀漳泉多地，均流行工夫茶的品茗風俗，並把邱子明為了品嚐美味的工夫茶湯，如何擇水取用的獨特方法詳細寫出。

俞蛟、高繼衍、徐珂等均不是原居於潮汕，而是藉遊歷潮州體會或聽聞此品茗風俗，可見清代開始的潮閩工夫茶俗，其模式優於其他地方而受到愛戴，各人均為此撰文和傳播。從三人文章的描述，可知其時茶器以小壺小杯為主，尚選宜興紫砂壺、若深杯，用砂銚以細炭煎湯瀹茶，茶葉瀹泡時間短和快，茶湯趁熱細味品嚐。綜合各環節，從茶器、選茶、用水和用火的過程，清代已建立了一套工夫茶品茗民俗的完整體系和範疇，並作為傳播各地的模式。

清末民初，推行普及教育不遺餘力，善於編製我國教科書的商務印書館，禮聘陸爾奎（1862－1935）編纂我國第一本新式辭書，本書以搜集我國各地詞彙及詳述其來源或出處為主，取名《辭源》，編輯部經審定校對後，把「工夫茶」一詞收入辭書，作客觀和仔細的詮釋。此詞書在上海編寫，1915年印刷發行，遍及全國各地，文教團體、院校和圖書館等均有

2　徐珂編：〈鄧子明嗜工夫茶〉，《清稗類鈔．飲食類》（上海：商務印書館，1917年），第47冊，頁105。

收藏選用，自此工夫茶的名稱，開始在全國流傳和被認識。

二、工夫茶在潮州的特色

1911 年辛亥革命至建國初期，國內局勢動盪，加上兩次世界大戰的影響，全球經濟低迷，更因晚清後福建省工夫紅茶的外銷，受印度、錫蘭等國的持續競爭等不利因素影響，粵東和福建的茶行業及茶農生計頗受打擊，導致茶事活動停滯不前，福建盛產茶葉區域的品茗風氣，則較前遜色。尚幸潮州等地，民間仍有保留以工夫茶作禮賓敬客的風俗。新中國成立後，潮州先後出現兩個工夫茶沖泡規程，一為翁輝東寫的〈潮州茶經・工夫茶〉，二為陳香白研創的「潮州工夫茶藝二十一式」，後者見本章「七、當代工夫茶的各地特色和異同」一節，與當代其他工夫茶模式一起作比較時詳列。現先論述前者的特色如下。

翁輝東（1885－1963），建國前為《潮州志》撰寫〈潮州茶經・工夫茶〉，希望加入〈風俗志〉內，因時局混亂而未能實現，文章改以手抄油印（詳見第二章「六、工夫茶納入潮州風俗志」），輾轉留傳海內外，潮汕內外愛茶人也得以因循追隨。香港及東南亞旅外潮僑本着鄉誼情懷，在海外秉承工夫茶的承傳而不息。國內改革開放的成功，民生經濟大幅改善，潮汕人品茗之盛，得以光大和持續發揚。2005 年饒宗頤教授重編《潮州志》時，將翁輝東寫的〈茶經・工夫茶〉收入〈風俗志〉。

〈茶經・工夫茶〉是建國後最完整地記載工夫茶民俗的重要文獻，將潮州工夫茶的沖泡方法，列成有系統性的規程，翁輝東對治茶的看法，非常獨到和全面，文中說：

> 工夫茶之特別處，不在於茶之本質（海內名茶，何處蔑有，潮人所諳之茶，凡人力所能致，即潮州自產者，亦不過鳳凰山茶、待詔山茶而已，與世無異。），而在於其具器皿之配備精良，以及閒情逸致之烹製。[3]

此說至今仍極具見地，潮汕人品茗並非只着重沖泡技藝的工序攷究，除茶之本質外，須選用精良茶具，輔以烹製之法而成。文中提出工夫茶之構造條件有五，分別為：（1）茶之本質、（2）取水、（3）用火、（4）茶具、（5）烹法。當中詳述潮汕各地茶具十多種，如茶壺選宜興製為尚，有二人罐、三人罐、四人罐。小杯用若深款，白瓷製薄如紙為佳；又指出茶盤宜寬宜平，寬則足容四杯，壺、杯、盤三者均為烹水泡茶必備之選，所說極具參考之用。上述構造條件第一至四項內容，經摘要後列於附錄二。翁輝東述沖泡方式，以「烹法」八式臚列，並說：

> 工夫茶之收功，全在烹法。所以世胄之家，高雅之士，偶一烹茶應客，不論洗滌之微，納灑之細，全由主人親自主持，未敢輕易假人。一易生手，動見僨事。[4]

3 饒宗頤總纂：〈茶經．工夫茶〉，《潮州志》，第八卷，風俗志（潮州市地方志辦公室按 1949 年版重編，2005 年印），頁 3495。

4 同上，〈烹法〉，頁 3501。

烹法八式內容較前人所述詳細，簡易實用，很快便傳播至國內外，現按原文摘要如下（表 3-1）：

表 3-1：翁輝東〈茶經・工夫茶〉烹法八式

	說明（按原文摘要）
一、治器	泥爐起火，砂銚掏水，煽爐，潔器，候火，淋杯。
二、納茶	靜候砂挑中有松濤颼戲聲，泥爐初沸，哭起魚眼時（以意度之，不可撤蓋看也），即把砂挑提起。淋罐淋杯令熱。再將砂挑置爐上。俟其人碩（老也，俗謂之碩），一面打開錫罐，傾茶於素紙上，分別粗細，取其最粗者，填於罐底滴口處，次用細末，填塞中層，另以稍粗之葉；撒於上面，謂之納茶。納不可太飽滿，緣貴重茶葉，嫩芽緊卷，舒展力強，苟納過量，難容湯水，且液汁濃厚，味帶苦澀；約七、八成足矣。神明變化，此為初步。
三、候湯	《茶譜》云：「不藉湯勳，何昭茶德。」《茶說》云：「湯者茶之司命。見其沸如魚目，微微有聲，是為一沸；銚緣湧如連珠・是為二沸；騰波鼓浪，是為三沸。一沸太稚，謂之嬰兒沸；三沸太老，謂之百壽湯（按：老湯也不可用）。若水面浮珠，聲若松濤，是為第二沸，正好之候也。」《大觀茶論》云：「凡用湯以魚目、蟹眼，連繹迸躍為度。」蘇東坡煎茶詩云：「蟹眼已過魚眼生。」潮俗深得此法。
四、沖點	取滾湯，揭罐蓋，環壺口，沿壺邊沖入。切忌直沖壺心，不可斷續・不可迫促。銚宜提高傾注，始無澀滯之病。
五、刮沫	沖水必使滿而忌溢。滿時茶沫浮白，溢出壺面，提壺蓋從壺口平刮之，沫即散墜，然後蓋定。
六、淋罐	壺蓋蓋後，復以熱湯遍淋壺上，以去其沫。壺外追熱，則香味盈溢於壺中。
七、燙杯	淋罐已畢，仍必淋杯。淋杯之湯，宜直注杯心。若誤觸邊緣，恐有破裂。俗謂燒盅熱罐，方能起香。
八、灑茶	灑不宜速，亦不宜遲。速則浸浸未透，香色不出。遲則香味迸出，茶色太濃，致味苦澀。灑必各杯輪勻，又必餘瀝全盡。兩三酒後，覆轉沖罐，俾滴盡之。

資料來源：饒宗頤總纂：「烹法」，《潮州志》，第八卷，風俗志，頁 3501。

翁輝東〈茶經・工夫茶〉的工夫茶烹法八式別具特色，較前人所述詳盡，為當代工夫茶藝的依據，八式中的刮沫、沖點、灑茶等動作，皆為後人所稱譽和承傳。潮汕人更為灑茶的巡迴過程，加上生動的名稱，如「關公巡城」、「韓信點兵」，使工夫茶更具吸引力。建國初期，潮州工夫茶因極具民俗文化特色，1959 年品茗之風傳播到廣州市文化公園茶圃內，設潮州工夫茶座，具古雅情趣，供應潮式茶具，讓茶客自助品茗。

由於時代的變遷，工夫茶葉的選用亦有改變。潮汕地區工夫茶早期用閩茶，以重烘焙濃香武夷岩茶和安溪鐵觀音等為主。潮汕也有種茶葉，在明朝曾稱為「待詔茶」，作貢品之用，種植歷史悠久，產地在廣東潮州市鳳凰山一帶，惜產量不多及製作工藝所限，未能普及。近代以野生紅茵茶樹改良栽培，廣為種植而成的鳳凰茶（鳳凰水仙），[5] 質素逐漸提升而受歡迎，2010 年 4 月 10 日被納入國家地理標誌產品保護，種植歷史悠久的鳳凰山青茶類（烏龍茶），統一採用「鳳凰單叢」名稱。[6] 鳳凰單叢茶葉尚清爽花香，清香茶葉沖泡方法與傳統略有分別。翁輝東〈茶經・工夫茶〉烹法八式規程選用茶葉以濃香閩茶為尚，當代潮汕地區工夫茶藝選用茶葉以「鳳凰單叢」改用為尚，這兩個年代的茶葉取向不同，各有不同特色。

5　曾楚楠、葉漢鍾著：〈茶葉篇〉，《潮州工夫茶話》（廣州：暨南大學出版社，2011 年），頁 91。

6　中國地理標誌網，http://www.cpgi.org.cn/?c=index&a=detail&cataid=3&id=1291，最後瀏覽日期：2021 年 12 月 2 日。

三、功夫茶在閩南的特色

福建歷史上，稱小壺品茗為「功夫茶」，其模式與潮州的工夫茶民俗相若。福建省南面沿海，西與粵東潮汕相鄰。廈漳泉三地及周邊，慣稱閩南，因與台灣只有一水之隔，故有大量民眾遷居台灣，閩台兩地民系同源，民風相近，小壺品茗茶具如出一轍。但隨歷史更替，各地有其變化，沖泡規程互有不同，故閩南與台灣的品茗茶俗模式和傳播，須分別說明，現先談閩南的品茗模式「功夫茶」。在清代以功夫茶為題的茶事記載，較早和最具代表性是施鴻保的〈功夫茶〉一文，此文收入《閩雜記》，並在施鴻保寫敍文於咸豐戊午年（1858 年）後刻印面世，現錄述如下，以了解其特色。

> **功夫茶** 漳、泉各屬，俗尚功夫茶，器具精巧，並有小如胡桃者，名盂公壺，杯極小者，名若深杯，茶以武夷小種為尚，有一兩值番錢數圓者。飲必細啜久咀，否則相為嗤笑。或謂功夫乃君漠之誤，始於蔡忠惠公也，予友武進黃玉懷明府言，下府水性寒，多飲傷人，故尚此茶，取其飲不多而渴易解也。[7]

認識福建省的茶文化，須先了解其出產的各種茶葉和歷史，除武夷岩茶和安溪鐵觀音茶外，清代福建茶葉的種植、製

7　施鴻保著，來新夏校點：〈功夫茶〉，《閩雜記》（福州：福建人民出版社，1985 年），頁 152。

作和銷售環節，很長時間曾以工夫茶茶葉的外銷為大宗和主導（詳見本書第二章「四、工夫茶作為外銷的茶葉」一節）。1884 年中法馬尾之役後，福建外海長期不穩，不利對外交通，加上中國茶葉出口產量被印度、錫蘭等市場傾銷而縮小，福建倚重外銷的製茶業規模和產值大為下降，加上國內戰事，使當地茶事茶俗之風減退。清末民初，以「工夫茶」命名的茶葉，在福建地區便少為人提及，往後漸被改稱為工夫紅茶。

福建詔安人吳秋山（1907－1984），在 1930 年代先後到過閩南和潮州各地，並寫有〈功夫茶考〉一文，於 1981 年在《福建茶葉》第三期發表，[8] 文中引述清代各種談及小壺瀹茶的筆記文獻外，亦提及閩南茶民俗的特色和變化如下：

> 「功夫茶」所用茶葉、泉水、火及器具都很精粹，烹治之法也極講究，造詣之深，確是空前未有，為我國茶史上增添了光輝的一頁。但這種品茶風氣，並不普遍，只限於福建汀州、漳州、泉州和廣東的潮州一帶而已。而這些地區近年來雖還保持飲功夫茶的風氣，但已不像從前那麼普遍。我曾先後到過上述各地，真正遇上精於此道的，並不太多。⋯⋯比較起來，漳州和潮州兩地保持工夫茶的風氣較濃，而漳屬各縣之中，又以詔安為最。[9]

吳秋山講述 1930 年代的茶事，是我國茶業產銷低迷時

8　吳秋山於文末補充，此文於 1937 年 3 月初稿，1945 年 10 月訂正。

9　吳秋山：〈功夫茶考〉，《福建茶葉》（福州：福建省茶葉學會），第 3 期（1981 年），頁 45-49；第 4 期（1981 年），頁 47-53。

期。茶葉、茶具均因價格和環境等因素，令民間品茗之風大減。在閩南詔安縣和潮州兩地，民眾對傳統文化的承傳意識較強，仍能保留茶俗的原本模式至今。〈功夫茶考〉文內沒說及沖泡的規程，但詳述功夫茶選葉、選水、用火及各種茶器等四大項，並作有系統的考證，將當時閩南功夫茶的特色，細分成十項，其內容經摘要後，詳見本書附錄三。

福建省重視製茶業，千禧年後，積極進行各種製茶工藝非物質文化遺產的保育工作，分批公佈保護清單，著名的有福建省南平市政和縣的「工夫茶製作技藝、白茶製作技藝」、福建省武夷山市「正山小種紅茶製作技藝」和福建省泉州市安溪縣「安溪烏龍茶鐵觀音製作技藝」等十多項。[10] 閩茶產業龐大，故製茶技藝較受重視。清代工夫茶（紅茶）因外銷而蓬勃一時，其發源地閩北的其他茶類，如武夷岩茶、鐵觀音等品種均質素優良，因適合以小壺品茗沖泡，在海內外普及，特別是僑外潮汕及閩南兩個民系，從早期開始已鍾情濃香型武夷岩茶和鐵觀音（盛產於福建省泉州市安溪縣）兩大茶種，至今閩南功夫茶所選用茶葉，多以此為主。

對於福建功夫茶民俗的研究，民間團體學者均積極投入，發表很多論及不同泡茶技藝和民俗特色的文章。武夷山茶文化學者黃賢庚談及武夷茶時，也有連同工夫茶一起討論，於 2005 年寫成〈「工夫茶」與「功夫茶」的區別〉，[11] 在《福建茶葉》期

---

10 中國民族文化資源庫，福建省級非物質文化遺產名錄，http://www.minwang.com.cn/mzwhzyk/674771/682705/765186/sjfwzwhycml/765282/765748/index.html，最後瀏覽日期：2021 年 12 月 2 日。

11 黃賢庚：〈「工夫茶」與「功夫茶」的區別〉，《福建茶葉》，第 3 期（2005 年），頁 74－75。

刊發表。文章中指工夫茶屬茶葉品種，功夫茶為沖泡技藝，有別於本書從歷史及民俗方向探討茶葉和茶俗兩個角色的「工夫茶」，各有不同。

黃賢庚寫功夫茶的沖泡技藝，1995 年於《農業考古》期刊上發表〈武夷茶藝〉一文，[12] 詳列兩項沖泡規程。其一有二十七道沖泡規程（附錄四），描述一壺茶沖泡三道茶湯的品嚐過程，規程中有焚香淨氣環節，足見武夷茶藝於傳承沖泡茶藝外，同時注意品茶的平和心境及環境氛圍。黃賢庚為突出沖泡技藝中的表演性，其後將二十七道沖泡規程，簡化為十八道（表 3-2），當中可看到規程與上文潮州翁輝東〈茶經．工夫茶〉烹法八式相若，由是可見閩潮二地「工夫瀹茶法」，有各自的表述方式，但仍有共通之處。

表 3-2：黃賢庚〈武夷茶藝十八道〉

	説明（按原文摘要）
1. 焚香淨氣	焚點檀香，造就幽靜、平和氣氛。
2. 葉嘉酬賓	葉嘉酬賓即出示武夷岩茶給來賓觀賞。
3. 活煮山泉	泡茶用山溪泉水為上，用活火煮到初沸為宜。
4. 孟臣沐霖	燙洗茶壺。孟臣是明代紫砂壺製作家，後人喻名茶壺為孟臣壺。
5. 烏龍入宮	烏龍茶放入紫砂壺內。
6. 懸壺高沖	盛開水的長嘴壺提高沖水，高沖可使茶葉翻動。
7. 春風拂面	壺蓋輕輕刮去表面白泡沫，使茶葉清新潔淨。

12　黃賢庚〈武夷茶藝〉，《農業考古》，第 4 期（1995 年），頁 59-60。

（續上表）

8. 重洗仙顏	開水澆淋淨茶壺外表，又提高壺溫。「重洗仙顏」為武夷山一石刻。
9. 若琛出浴	燙茶杯。若琛清初人，善製茶杯，後人把名貴茶杯喻為若琛杯。
10. 遊山玩水	茶壺底靠茶盤緣旋轉一圈，在巾布上吸乾壺底茶水，防止滴入杯中。
11. 關公巡城	依次來回往各杯斟茶水。
12. 韓信點兵	壺中茶水少許後，則往各杯點斟茶水。
13. 三龍護鼎	用拇指、食指扶杯，中指頂杯，此法既穩當又雅觀。
14. 鑒賞三色	認真觀看茶水在杯裏的上中下的三種顏色。
15. 喜聞幽香	即嗅聞岩茶的香味。
16. 初品奇茗	觀色、聞香後，開始品茶味。
17. 遊龍戲水	選一條索緊緻的乾茶放入杯中，斟滿茶水，仿若烏龍在戲水。
18. 盡杯謝茶	起身喝盡杯中之茶，以謝山人栽製佳茗的恩典。

資料來源：《農業考古》，第 4 期（1995 年）。

四、台灣工夫茶的傳播及其特色

台灣人口以閩南民系人數較多，受工夫瀹茶風俗跨海的影響，和當地政府推動農植業的努力，品茗文化得以承傳和發展。1970 年代，由於新一代對中國茶文化嚮往，各式茶活動在台灣流行；因曾受日軍佔據期間的飲茶風俗影響，故發展出來的模式與閩南一帶相比也有變化，如採用儲茶杯作分茶用（公道杯），把整套茶具用大型茶盤承放於桌上，分濕泡和乾泡兩種模式。這些傳承和特色均在這個年代後的台灣開始蓬勃，有稱此為「人文茶」風氣，把源於福建的「功夫茶」加以改變，發展出雙杯的聞香品茗法。及至當代，兩岸多來往及交流，台灣茶人漸多留意和討論各種不同的工夫瀹茶法。

台灣早期的茶俗源自福建，歷經時代風霜傳承至今，須按年代作不同的了解，才知箇中差異。明末清初之際，內地人民生活飽受政局影響，因此不少閩潮民眾東渡台灣。黃怡嘉在《台灣茶事》說：

> 自明末至清代，伴隨福建的茶葉移植，大量閩粵移民進入台灣，也將品茗習俗帶入，可以說台灣的飲茶文化是閩南茶文化的延伸，初期茶具亦多從大陸攜入。……台灣當時嗜茶者多為文人雅士、官宦和大戶人家。飲用的茶品種類初期有武夷茶，後來以烏龍茶和包種茶為主。當時使用的茶器大致分為三類，即蓋碗、大壺大杯、工夫茶器（小壺小杯），其中以工夫茶器為清季台灣茶具之主流。且影響台灣茶藝發展深遠。[13]

連橫（1878－1936），國民黨榮譽主席連戰的祖父，清末福建省台灣府台灣縣（今台南市）人，祖籍福建省漳州府龍溪縣（今漳州龍海），為台灣日治時期詩人，他受父親影響編撰《台灣通史》，有台灣太史公之稱。在〈茗談〉文裏寫當時當地（民初台灣）的茶俗，其時民眾工夫瀹茶的模式和各種特色如下：

13　黃怡嘉：《台灣茶事》（台北：盈記唐人工藝出版社，2017年），頁44。

> 台人品茶，與中土異，而與漳、泉、潮相同；蓋台多三州人，故嗜好相似……茗必武夷，壺必孟臣，杯必若深，三者為品茶之要，非此不足自豪，且不足待客……武夷之茗，厥種數十，各以岩名。上者每斤一、二十金，中者五、六金。三州之人嗜之。他處之茶不可飲也。
>
> 江南飲茶，亦用紅綠。龍井之芽，雨前之秀，匪適飲用。即陸羽《茶經》，亦不合我輩品法。安溪之茶曰鐵觀音，亦稱上品。然性較寒冷，不可常飲。若合武夷茶泡之，可提其味。烏龍為北台名產，味極清芬，色又濃郁，巨壺大盞，合以白糖，可以祛暑，可以消積，而不可以入品。[14]

連橫說台灣人的品茗民俗源自閩南和粵東潮州一帶，尚武夷茶而非其他茶種，需要以孟臣壺、若深杯泡茶品茗，茶具與閩潮完全一致。但連橫在〈茗談〉原文罕有地並無提及「工夫茶」或「功夫茶」。台灣與閩南漳泉相近，傳播的品茗模式相同，卻無引用施鴻保在《閩雜記．功夫茶》內說閩南茶俗慣稱的「功夫茶」一詞，可見品茗模式同源，地方相近，但不同民系的茶俗命名，有不同取捨。其時台灣被「割讓」為日本管治之海島，受日本茶文化的影響，在對「工夫茶」名稱的詞義上，台灣的民間書刊或詞典工具書等，亦存有不同的見解和詮釋。台灣工夫瀹茶的模式，在日軍佔據（1895－1945）後，有

14　連橫：〈茗談〉，《雅堂文集》（台北：台灣銀行經濟研究室，1964），卷二，頁 107。原文刊於 1924 年《台灣詩薈》。

稱作「功夫茶」或「老人茶」。有關文獻，見本書「工夫瀹茶法名稱及相關詮釋文獻資料（1734－2023 年）」（附錄一）。

1970 年代，台灣經濟起步，積極提倡民眾飲茶，舉辦優良茶比賽及展售會，提升茶葉的價值，加速台灣茶葉外銷。由於飲茶風氣日盛，逐漸也衍生出各種不同的工夫瀹茶模式。劉漢介（珍珠奶茶開發者，台灣春水堂連鎖式茶飲店創辦人）於 1980 年代編寫《中國茶藝》，[15] 介紹我國各地的品茗茶藝，如宜興式茶具泡法、潮州式泡法、詔安式泡法、安溪式泡法（以雙杯聞香和品茗）等。在書中介紹的各種泡茶方式中，台灣當時流行的一種泡茶法為「傳統式泡法」，以圖文作出介紹，當中分為十一個步驟，編者指其特色在於茶具簡單，泡法自由，並不十分苛求形式及道具，是台灣當時流行的泡茶法（表 3-3）。

表 3-3：台灣 1980 年代「傳統式泡法」

	説明（按原文摘要）
1. 準備	備用具，備茶，備水。
2. 燙壺	將熱水沖入壺中至溢滿為止。
3. 倒水	將燙壺的水，順注口而出，並倒淨。
4. 置茶	先放一個漏斗在壺口上，然後倒入壺中。
5. 沖水	將燒開的水倒入壺中，至泡沫滿溢出壺口。
6. 燙杯	燙杯的作用有二，一為保持茶湯的溫度，不至於冷卻太快，二為利用燙杯的時間來計量茶湯的濃度。
7. 倒茶	接受茶湯的器具，台語叫公道杯，通稱茶海，有了這種器具，才不會你淡我濃的極不均勻，因為茶湯先倒較淡，後倒較濃。

15 劉漢介編：《中國茶藝》（台北：曉群出版社，1973 年）。

（續上表）

8. 分杯	將茶海的茶湯倒入小杯，以八分滿為宜。
9. 奉茶	自由取飲，飲後歸位。
10. 去渣	一般飲茶，茶過三巡得宜，泡過三次後，即去渣。這個動作是在客人離去後才做的，若是換另一種茶，應備用另一把壺，但是若享用品質較高的茶，可至味盡才去渣。
11. 還原	客人離去後，去渣洗杯洗壺，一切歸位，以備下次再用。

資料來源：劉漢介編：《中國茶藝》（台北：培琳出版社，1983 年），頁 29。

台灣其後的茶事文化取得很大進展，從茶民俗角度看，發現其初始的形式是來自閩南茶民俗的承傳，繼而開發出具地方民系色彩的模式。上文提及台灣的「傳統式泡法」模式，用儲茶盅（公道杯）作分茶之用，又以漏斗置茶葉，除加入兩種特色茶具外，大致與潮閩工夫瀹茶民俗，無太大分別（如：自由取飲，飲後歸位）。台灣的茶事朝向較着重士人文化氣息，茶具茶席着重美藝感的氣氛，此優點對內地亦有所啟發和影響，漸被接受和引用，其後的茶民俗已開始具其地方特色，並有其創新之處。

台灣茶事發展相對快速成長，精緻講究的小壺小杯工夫茶成為休閒、社交的渠道，因此茶藝館逐漸出現。1981 年茶藝業者一起研討如何向社會推出茶藝館的形象，組織行業共同開發市場，加強推廣茶藝文化，令台灣茶藝文化盛行。1983 年起，陸羽茶藝中心舉辦第一屆陸羽泡茶師檢定，要求泡茶師除了具備茶葉、茶藝的知識之外，必須實作泡出一杯好茶，檢定內容包含了學科與術科二方面。工夫瀹茶法從口傳身授，轉而成紮實的訓練與審核，促進了台灣茶藝文化的發展。[16]

各地的品茗民俗內涵、技藝上均有相近之處，但各地發展不同。1980 年代起，台灣各地茶人相互交流砥礪，各自發展出風行台灣的「雙杯聞香品茗法」，其特色是以不同的小杯來分開聞香和品茶，起初只用大小相同的小杯，後來發展為一高一矮的雙杯搭配。沖泡模式與工夫茶相若，只是小杯外加置一個高身杯，小杯是傳統若深杯，而用作聞香用的高杯，因應不同的聞香觀點，而有多種杯形選擇，流行的是仿日據時期的直筒式清酒杯（按：須自己斟酌搭配始能稱心）。方法是用小壺瀹茶後，把茶湯先注入聞香杯，再將若深杯覆蓋在聞香杯之上；跟着翻杯，先聞高杯內茶香，然後品飲若深杯內茶湯。雙杯品茗的特色是增加了聞香的過程，聞香杯身較高，利用光滑素面的上釉瓷杯，有助香氣的附着與集中展現。雙杯品茗法是基於突出台灣高山茶（青茶類）獨特香氣而使用聞香杯的沖泡法品茗，令品茗能有更多元的享受。此後台灣各地，從坊間到茶館，喜歡泡茶的人士莫不爭相學習，泡茶時談的都是如何高沖、如何扣杯、翻杯、如何品聞香杯，和將聞香杯茶湯倒入喝杯等，令雙杯式泡法風行全台。

雙杯品茗法在台灣有不同的發展和特色，高雄市因有方捷棟藉「鄭員外茶藝館」的推廣而在南部流行，繼而又有稱為「三才泡法」的提出，「三才泡法是一種由內而外之茶藝展現，可依男女或不同主泡者表現其陽剛或柔和之美」；[17] 沖泡過程中

16　黃怡嘉：「陸羽茶藝中心泡茶師訓練」，《台灣茶事》（台北：盈記唐人工藝出版社，2017 年），頁 174。

17　陳志贊：「三才泡茶道藝術」，https://www.meipian.cn/2h4ts559，2021 年 12 月 1 日。

凸顯手勢的動作，主要是將二杯疊合後，再以優雅動作完成翻杯動作（男女手勢各不同），隨後整個杯組置於杯托上，取起聞香杯時，以手腕順時鐘旋繞品飲杯一圈，順勢將聞香杯翻轉成杯口朝上的方式，送至客人面前，讓客人聞茶香。由於空杯溫度逐漸下降，客人可聞到高溫香、中溫香和低溫香等不同層次的茶香。三才泡法因進一步加入了表演和動作的元素，令茶藝變得更具欣賞性，台灣演繹雙杯沖泡模式的茶人很多，各有個人風格。如以證據論，劉漢介、詹勳華及方捷棟三位，均是雙杯聞香品茗法在台灣最早期的運用者。[18] 現將早期在文獻出現的模式摘要列表如下（表 3-4）：

表 3-4：台灣 1980 年代「雙杯聞香品茗法」

	說明（按原文摘要）
1. 用具	參考書內圖片的茶具。
2. 備茶具	茶壺之要求與潮州式相同，安溪式泡法以烘茶為先，另備聞香高杯。
3. 溫壺、溫杯	溫壺與潮式無異，置茶仍以手抓，惟溫杯時裏外皆燙。
4. 置茶	置茶量半壺。
5. 烘茶	與潮式相比，時間較短，因高級茶一般保存都較好。
6. 沖水	沖水後約呼五口氣的時間即倒茶。（利用這時間將溫杯水倒回池中）
7. 倒茶	不用茶盅，而以點兵方式直接倒入高杯中，第一泡倒三分之一，第二泡再倒三分之一，第三泡倒滿。

18 何健生：〈雙杯品茗在台灣〉，榮寶齋茶文化公司，https://read01.com/6kPeA5.html，2021 年 12 月 1 日。

（續上表）

8. 聞香	將空杯及高杯一齊放置在客人面前，若無聞香習慣，則暗示其倒換另一杯，高杯用來聞香。
9. 抖壺	第一泡與第二泡之間，用布包壺，用力搖三次，接下來的泡與泡之間皆搖三次，九泡共搖二十七次。茶湯倒出後，為使抖壺內外溫度均勻，開水沖入後不搖晃，使其浸出物增多，與潮式在搖晃的意義上恰恰相反，因為所泡的茶品質一高一低之故。

資料來源：劉漢介編：「安溪式泡法」，《中國茶藝》（台北：曉群出版社，1973 年），頁 41。

日漸盛行的茶藝帶動了品茗茶俗的普及和發展，1987 年台灣舉辦中日韓茶藝觀摩展，台灣茶人於會上分享了潮州泡法、雙杯品茗法等。這是早期在國際茶藝交流活動可見的工夫瀹茶法，[19] 自此台灣茶藝成為台灣民間的重要民俗主題和活動。2006 年，台灣郵政局發行以「功夫泡茶法」為主題的郵票，以助推廣。郵票上的圖片用「雙杯聞香品茗」的沖泡模式做主題，以「一壺四杯」作配置，依據泡茶規程順序組成，分別有「備具　溫壺」、「置茶　溫潤」、「沖壺　溫杯」、「乾壺　分茶」、「聞香　品茗」，一組共五枚，其中可見小壺品茗民俗的雙杯聞香模式，是台灣茶民俗的重大特色。

台灣的茶俗承傳潮閩工夫茶的傳統模式，各種工夫瀹茶法有明顯不同的特色。台灣各種泡茶模式着重整體美感，有與客人互動的環節和優美的表演元素。在選茶、技藝規程上，與傳統方式相比，有着新的變化，這種種「變化」便是茶民俗在各地傳播時所產生的特色。其共同之處，均是建基於清代用小壺小杯的工夫瀹茶法，期望各地「工夫茶」不同的特色和文

19　季野：《中華民國茶藝大觀》（台北：中華民國茶藝協會，1987 年）。

化都能得到發揮，宣揚國飲，向世界介紹別具特色的中華茶民俗。

五、香港工夫茶的傳播及其特色

明末清初開始，粵閩沿海民眾往海外謀生者甚多，僑胞往返南洋各地多途經香港，因此留居香港謀生和經商者為數不少，當中潮閩商賈將家鄉的工夫茶品茗習尚帶到此地，但與本地粵式的飲茶文化，各有不同特色。1945 年二戰結束前工夫瀹茶的茶俗，主要在潮閩家庭和族群內流行。香港開埠初期華洋共處，以廣府人為主，清早飲茶和吃點心一起進行，「飲早茶」是香港的品茗特色之一。林雪虹在《香江茶事：追溯百年香港茶文化》中寫：

> 南方諸地產茶、喝茶，亦有供人喝茶的茶館，俗稱「茶樓」。南方的茶樓特別重視早茶及講究「一盅兩件」，即飲茶時要伴隨兩種或以上的茶點。……反映了茶樓的茶文化混雜了廣東人重視吃的傳統，深受嶺南飲食文化的影響。[20]

晚清時期，潮汕商賈北貨南運，大受東南亞華僑歡迎。定居香港的潮汕人，初期大多集中於上環南北行一帶（文咸東

---

20 林雪虹等編著：〈香港的茶樓文化〉，《香江茶事》（香港：中華書局，2019 年），頁 58。

西街）營商和活動。印尼華僑（潮汕澄海人）賴連三（1891－1964），於1919至1935年間旅居香港，見香港有潮人開設的茶居，故在《香港紀略》書中的〈茶居〉一文中寫道：

> 茶為國人飲料，已成南北習慣。唯飲茶之中，北方用大茶具、大碗沖之，粵省則用蓋碗，而潮人及廈門人，常以小罐泡沖；尤以潮人之講究沖茶，至為詳細，故有「工夫茶」之稱。然此系論講究之家，而非訪於普通人飲茶也。香港潮人開設之小茶居，有數十間，以供一般人之品茗者也。[21]

賴連三在印尼出生，父親在印尼經營橡膠廠，北京財政學堂肄業，曾參加饒宗頤主編《潮州志》的工作，見聞遍及中國南北和東南亞各地。1931年寫香港的茶居，喻茶為國人飲料，將我國南北（北京、粵省、潮閩）各地沖泡所用茶具的特色扼要寫出，是歷史的見證。此時的工夫茶，在潮汕是講究之家的習尚，而非一般的茶飲，故二戰之前的香港也不例外。二戰結束後，大量潮閩人移居香港謀生，大量國內工夫茶具、茶葉等經香港轉銷台灣和東南亞各地，香港的工商和幹活等場所，便多見工夫茶的出現。潮式食肆的興起，慣以工夫茶敬奉食客，此種能帶動族群身份認同的茶俗，便大受歡迎。

香港地方細小，曾有茶農種植茶葉，因農地不足而無法量產，本地市場的工夫茶葉主要是由潮閩港商茶莊從內地進口

---

21 賴連三著，李龍潛點校：〈茶居〉，《香港紀略》（廣州：暨南大學出版社，1997年），頁70。

的閩茶。1960 年代，國內安溪鐵觀音茶葉量產化，香港茶莊在採購之後，為增加銷路，便在本地自行再精工烘焙和併配（按：將不同季節和地區滋味的閩茶混合），使茶葉質素提升，各茶莊的併配，令鐵觀音產生不同的口感，製造不同的自家特色。市場因供應充裕和價錢的大眾化，使工夫茶在香港逐漸普及和受關注。對於每年六月到港的新茶葉，茶莊都會再焙茶一段時間，符合茶客濃香的要求才推出市場，吸引大量茶客追捧。由於茶種的改善和經濟發展蓬勃，香港潮閩人士於 1990 年代曾興起鬥茶，工夫茶愛好者爭相鑽研出各種令鐵觀音茶湯更濃香的沖泡方法，除了茶商的精工烘焙外，在泡茶置葉入壺時，會刻意將小部分茶葉用手指在壺內輕壓茶葉至微碎，以增加茶湯出味的效果，可見本地烘焙鐵觀音和濃香茶湯，是香港工夫茶在該年代的特色。

香港工夫茶的傳播，經本地潮閩茶莊烘焙的濃香鐵觀音帶動，為吸引新工夫茶客，茶莊也有傳授沖泡工夫茶的技巧。初期所用規程多跟隨 1950 年代翁輝東在〈茶經．工夫茶〉內説的烹茶方法和茶器，其後便加入本地茶人的沖泡特色，香港潮閩兩地民系的工夫茶模式和規程，因而與國內當代通行的模式稍異。2019 年，有採訪本港潮閩老茶莊對工夫茶看法的報道，[22] 受訪茶莊、茶行的茶葉，多在購入後再自家烘焙和併配成濃香鐵觀音。訪問中介紹多間在香港開業超過半過世紀的茶莊，均有示範沖泡工夫茶，從期刊的訪問稿所拍攝的圖片可見，來自潮汕的顏奇香茶莊，壺杯的配比已與早期不同，改為

22 〈香港工夫茶的匯集和傳承〉，《茶雜誌》，第 27 期（2019 年），頁 81－147。

一壺配三杯；來自閩南的堯陽茶行，則沿用傳統做法，一壺配四杯。現將潮汕、閩南兩地的沖泡模式列表說明如下（表3-5）。

表 3-5：2019 年香港潮、閩兩地傳統「工夫瀹茶法」對比

	潮汕模式工夫茶示範	閩南模式功夫茶示範
茶葉	濃香閩茶	同左
茶器	小壺以紫砂製水平壺，小杯以白瓷製若深形狀。	同左
沖泡規程	按傳統「工夫瀹茶法」	同左
壺杯配比	一壺配三杯（按：茶壺容量仍按傳統）	一壺配四杯（按：茶壺容量仍按傳統）
置杯方向	品字形，單杯靠主人，雙杯向客人（按：方便主客雙方取杯）	置杯方向：無特別要求

資料來源：《茶雜誌》，第 27 期，2019 年，頁 115 及頁 111。

訪問報道匯聚來自不同年代潮閩茶經營者的工夫茶示範。長久以來，從茶葉、茶器和沖泡規程近乎一致的潮閩工夫茶模式，此刻呈現不同的壺杯比例和配置格式。閩南地區仍保持清末民初沿用一壺配四小杯的習慣，而潮汕地區（改革開放後）逐漸通行以一壺配三小杯的模式，至今已成風氣，故值得借此說明和補充潮州工夫茶在香港的特色。

香港自 1950 年代起，外來人口急速上升，當中以潮汕和閩南兩民系為多，同時也把原鄉的工夫茶藝帶到香港應用。往後不少資深的香港茶人開班授徒，除承傳原鄉的一套製茶和沖泡技藝外，也有加以發揮。其時因與原鄉往來的交通不便，使焙茶和沖泡技藝上的交流有所相隔；加上其他客觀條件的影響，因地制宜，香港眾多工夫茶人不約而同均採納一套以重烘焙閩茶和着重細緻納茶膽的泡茶方式。往後至今，香港潮閩兩民系與在原鄉的沖泡方式，着重點便有所不同，茶人們的努力使香港能傳播一套充滿本土特色的製茶和沖泡技藝。

香港眾多資深茶人的沖泡技藝，傳播授徒以口傳心授為多，少有著述。楊智深（1963－2022）祖籍福建晉江，在香港土生土長，其泡茶技藝是師事於祖籍汕頭潮陽的顏禮長（？－2005），楊智深在香港能同時接觸潮閩兩地茶文化，將其對茶文化的心得，稱為「穆如茶學」，寫有〈工夫茶口訣闡述〉一文，[23] 極富香港特色，故本書稱其口訣為楊智深「穆如功夫茶十一式」（詳見附錄七）。其方式把香港茶人納茶膽的特色詳述，相比潮閩兩地已列入非物質文化遺產的「潮州工夫茶藝」及「閩南功夫茶習俗」均有所不同。[24]

楊智深把個人瀹茶的十一式稱為功夫茶，用意應是分別於清初福建人，他們早已把茶葉武夷岩茶稱為「工夫茶」，故楊智深將其沖泡方式稱「功夫茶」，現摘錄其〈工夫茶概論〉如下：

> 因在採與製兩個環節，當時的人慨嘆過程耗費工夫，採摘需要比別的茶多候十五到二十天，製茶更是拖長到半年的光景，所以有「工夫茶」一說。

23 楊智深：〈工夫茶口訣闡述〉，《茶雜誌》（台北，華藝文化事業有限公司，2019 年秋），頁 149。

24 2020 年 11 月 24 日「閩南功夫茶習俗」列入福建省漳州市市級第八批非物質文化遺產代表性項目名錄。詳見：漳州市人民政府文件：漳政綜 2020_59 號。

> 然而後來幾款紅茶也冠以工夫紅茶的名稱，讀者需要自己辨別清楚。
>
> 傳播到閩南潮汕地區，斟酌器物之精，推敲沖茶之細，則非是過程時間長短來量度。器物精巧，關乎良工手藝的功夫，沖茶注水則乃掌茶剛柔的功夫，所以後又稱為「功夫茶」。[25]

楊智深曾於香港辦茶學課程講授，惜於 2022 年離世，無法再為傳播有本地特色的工夫瀹茶法而致力。

香港新生代年輕人近年崇尚茶藝，喜歡各樣茶類品種。但很多都不大認識上世紀香港的工夫茶，和如何沖泡濃香鐵觀音的規程。有經營及烘焙濃香鐵觀音六十多年經驗的香港潮汕茶莊第二代劉原亦，以短片在網絡上示範工夫茶沖泡流程，[26] 其過程亦強調茶末和納茶膽，為充滿香港特色的工夫茶藝模式。

香港茶文化的推廣和傳承方面，1985 年香港茶具博物館已有常設展廳，介紹各地茶民俗和茶的歷史文化、茶藝茶具等；並邀請唐健垣拍攝潮州工夫茶藝的沖泡示範，在館內播出。[27] 2006 年，香港大學美術博物館設有「博寮茶座」[28] 提供豐富的工夫茶文化介紹空間。此外，各界對茶文化均很重視和

---

25 楊智深：〈工夫茶概論〉，《茶雜誌》（台北，華藝文化事業有限公司，2019 年秋），頁 87。

26 劉原亦：《工夫茶舍的茶學世界》，沖泡示範影片：「工夫茶教室」工夫茶入門沖泡方程式，https://youtu.be/5EHYjt2qXL0。

27 〈中國茗趣展覽介紹「工夫茶」〉，《華僑日報》，1985 年 3 月 21 日。

28 「博寮茶座」資料詳見〈弄工夫茶〉，香港大學美術博物館，2006 年場刊。

積極推動。1990 年代起，香港的茶文化工作者已有個別授徒或舉辦不同的茶文化課程，如：王漢堅、余文心、陳采月、陳笑薇、梁藝桐、葉惠民和廖子芳等。

團體方面，香港工聯會進修中心的「茶藝文化」和相關課程的舉辦，至今已有二十多年歷史。近年浸會大學持續教育學院有開辦「茶事專題課程」系列，香港大學專業進修學院有「茶學文憑」和相關課程，加上各院校團體和協會也有開辦不同的茶文化證書班等，為本地培訓不少的茶藝專業人才，使香港的茶文化和工夫茶民俗的傳承，得到一定的支持。

2001 年，香港郵政局以「香港茗藝」為主題發行郵票，呈現各種在香港最具文化價值的品茗茶俗，潮閩工夫茶民俗亦為其中之一，郵票中有以早期香港潮閩民系慣用的壺杯比例「一壺四杯」的模式，作郵票上的圖片，也顯示出潮閩以小壺小杯品茗的重要特色。

香港的工夫茶經潮閩移居者傳播到此地，採用相同的沖泡模式，早期呈現於潮閩民系日常生活及商貿活動的結合中，二戰後因茶莊採購閩茶和烘焙的主導而蓬勃，促成茶葉品味的改進和發展出具本地特色的沖泡模式。居港潮閩民系的品茗，也因重視故鄉情誼等因素，促成一種有身份認同和團結文化的茶俗。

六、南洋工夫茶的傳播及其特色

明清兩代起，粵閩沿海民眾大量移居東南亞，如新馬泰、越南寮柬、印尼菲律賓等國。潮閩人在外經商，工夫茶既是維繫宗族的渠道，亦是寄託家鄉情感的文化習俗。得益於潮閩民系歷來的堅持和文化保留，隨着世代僑居海外的潮閩人而傳播，工夫茶成為南洋華人一項重要的茶民俗，[29] 充實各地華僑華裔的精神生活。

南洋在東南亞航道中具重要的地緣優勢，各地分佈不少華僑華裔人口，當中以潮閩民系佔大部分，多居於南洋各國首都圈城市為主。按各地政府人口普查資料，馬來西亞閩潮民系約 277 萬人（在馬來西亞 2010 年總人口 2,682 萬人中佔約 10%）；新加坡閩潮兩民系人口約 168 萬人（在新加坡 2010 年總人口 507 萬人中，佔約 33%）；泰國華裔人口約 900 萬人，大部分來自潮汕民系（佔 2019 年泰國總人口 7,000 萬人中 12.8%）；印度尼西亞華人有 240 萬人，佔 2000 年總人口的 1.20%。從以上各地潮閩人口的數據可見，潮閩民系的茶風俗在南洋是有一定普及程度的影響，當中以馬來西亞華人對工夫茶事的參與和活躍度較高。

南洋各地華人飲茶文化相若，以小壺小杯模式的工夫瀹茶法為主。我國茶民俗具很強的傳承性，因應各地的種種意志、物性、氣候、口味，產生風俗和呈現模式的改變。當地品茗模式因加入有地方特色的沖泡步驟，故有以「南洋工夫茶」稱之。文化傳播中細節的傳承變化，是民俗學正常的現象。從工夫茶的例子可見，儘管遠在外地的潮閩人，因應對茶葉和茶具的認識，先盡最大努力貼近原鄉的茶俗，才再作適應性的變

29 王喆：〈民俗視角下潮州工夫茶的變遷與傳承研究〉，《中國民族博覽》，第 3 期（2021 年），頁 51-53。

化。[30] 馬來西亞華人趙美玲（祖籍廣府）的解說，就把南洋早輩茶人經驗的智慧，言簡意賅地敍述如下：

> 南洋工夫茶始於清末民初，乃當時過番到馬來半島的閩潮籍先人，在一窮二白中堅持引入的。此技藝具有幾大特色，包括通過「藏養」，來喚醒乘船南渡，沉寂已久的「僑銷」茶品；通過乾蒸手法，來替遭水氣侵入的茶葉「去雜」；通過沸水淋壺，拉近內外「恆溫」來保證茶葉靜謐散發，通過「低斟」點兵，來避免茶湯受到沖擊；所以，這一切動作都是因應氣候、航程、甚至局勢，抓緊精、燥、潔而生，它的宗旨一直不在炫目，卻是幾曾憂患克難後的文化「自省」。[31]

馬來西亞華人早期也飲用大量廣西六堡茶（黑茶）茶葉，源於清末民初，為謀生而到大馬錫礦場工作的華工所引入。礦工以來自粵桂閩三省為多，該區氣候炎熱，茶能消暑降火，特別是六堡茶，對水土不服的礦工，有藥療的功效；加上價格相宜，大馬礦場主人便主動提供六堡茶，用大壺沖泡大量茶湯，作為礦工口糧茶。[32] 當年閩茶較昂貴，一般百姓很少採用，六

---

30 郭馬風：〈從潮汕本土文化對海外潮人的影響看潮人的凝聚力和應變力〉，載鄭良樹主編：《潮州學國際研討會論文集》（廣州：暨南大學出版社，1994 年），下冊，頁 940-941。

31 姚斌奕：《南洋茶事之烏龍過番 · 茶匯香江》（吉隆坡：唐藝軒文化企業，2019 年），頁 212。

32 姚斌奕：《南洋茶事之六堡航路》（吉隆坡：唐藝軒文化企業，2018 年），頁 21。

堡茶便宜，很受兩廣族群喜愛飲用，加上味道亦符合閩潮人對濃茶的要求，適合南洋一帶風土環境而普及。更重要的是，六堡茶從廣西外銷，即使歷經遠道航運而受潮，對於本為陳化之六堡黑茶味道影響較少。大馬除華僑礦工經常飲用外，南洋各地潮閩民系出於對原鄉工夫茶的喜愛，也有選取六堡黑茶葉作品茗之用。2010 至 2013 年間，南洋印記茶文化協會（馬來西亞內政部註冊非盈利組織）同僚經搜集及研發出以小壺小杯沖泡的「南洋溫潤泡」及廣府式大壺悶泡法（附錄五），[33] 該協會將沖泡規程介紹予當地同仁及國際茶人以資推廣。此沖泡方式經歷數代人的在地體驗，是一套適合品嚐六堡黑茶的工夫瀹茶法，特色在於南洋溫潤泡規程十三式之六「蘇生」，方法是把六堡茶葉納入小茶壺後，在壺蓋仍打開及未注湯前，以採用在壺外淋湯的乾蒸方法，把茶葉內的物質淨化和清除雜味。

工夫瀹茶法沖泡的六堡黑茶，並非南洋品茗習尚的全貌，各地亦保留以焙火為主的閩茶。早期商界和富裕人家，多選用閩北武夷茶類，所用茶具是原鄉的工夫茶四寶，如紅泥火爐、砂銚、若深杯、朱泥或宜興紫砂製的茶壺。其時遠洋至南洋的閩茶易受潮，為保品質，使茶葉間價錢存有極大差距；基於貨源和價格關係，南洋茶商與 1930 年代早期的香港一樣，也引入國內閩南安溪鐵觀音，自行烘焙再作獨立包裝出售。為解決最受關注的受潮異味，便須找出特別的沖泡步驟，因地制宜便產生用工夫茶沖泡的特別程序，以去除茶葉中雜味。

南洋早期因飲用大量六堡黑茶，品質憑工夫瀹茶法得以改善，借此累積所得的沖泡經驗，喚醒了乘船遠道南下，或久

33　姚斌奕：「南洋溫潤泡」，《南洋茶事之六堡航路》，頁 189。

經藏養的閩茶因此在來自潮閩原鄉工夫茶的沖泡模式基礎上，也增加一個除雜味的方法來提升茶湯口感。2017 年，吉隆坡人姚斌奕（祖籍福建莆田）與南洋印記茶文化協會同仁，藉多年來在大馬所聽、所學、所聞的泡茶法，將各自原鄉的工夫瀹茶法整合，特別之處是在基礎的沖泡規程中，用第六式「去蕪存菁」的方法，達到類似虹吸的效果，除去茶葉的雜味，以提升茶湯口感，稱作「南洋工夫泡十七式」[34]，現把相關內容摘要錄述如下（表 3-6）：

表 3-6：2017 年「南洋工夫泡十七式」

		說明（按原文摘要）
1	離火烹泉	水沸騰時先離火，令水的溫度平均後再煮沸。道家謂上善若水，因此若茶葉是根本的話，那麼水就是一壺佳茗的靈魂所在。當中能否把水的質量柔化，或把其密度分子化，或把其異味弱化，這一切都關乎於茶人所選用的器皿（例如陶器），水種（雨水、純淨水、礦泉水等等）以及火候（炭火、酒精明火）的掌控。[35]
2	素紙示葉	將要泡的茶葉先讓客人觀賞，了解茶的品質。
3	淋灘盡散	茶壺放於茶船上，沸水淋洗茶壺內外，通順壺之氣孔備用。
4	沐杯如輪	一杯注滿熱水，把兩杯置杯之上，用滾邊手法洗杯身內外。
5	外王內聖	茶具洗妥後，在壺外注沸水，令壺內的水分烘乾，以便置茶葉後，茶葉在壺內不會沾濕，使異味鎖在茶葉之中。

34 姚斌奕著：《南洋茶事》（吉隆坡：唐藝軒文化企業出版，2017 年），頁 19-22。

35 全段為原文引述。

（續上表）

6	層置鬆堆	即把紙上茶葉從新置放，以粗葉在上，細末居次，中葉下放為基準，這是為了有利稍後斟茶，防止大塊葉片阻隔出水而安排的。此外，必要時也建議用兩指把茶堆結構弄鬆散，盡量為葉與葉之間製造出一些空位，但求不緊壓，以便沖泡時茶葉能更大限度的開闊，盡釋底蘊。[36]
7	請君入甕	將茶葉置入壺中。
8	去蕪存菁	將一杯子置放於壺口上，並從其上澆淋熱水，進行高溫乾蒸，盡除雜味。（適用於潔淨舊藏老茶，非陳品則大可不必）
9	震驚百里	烏龍茶或其他焙火並不會如黑茶進行溫潤，而是在蓋上壺蓋後手持壺把，上下搖晃，並以掌心輕拍壺身，用震動來溫開相對比茶葉輕盈的雜質，並借此釋放酸氣。
10	傳香致意	處理好後先自嗅其味，而後再連壺帶茶請諸位客人輕嗅，直至人人滿意，才可正式開泡。
11	平執低沖	在製茶湯時，需以最低力度注水於壺中，讓茶葉受最小限度的干擾。
12	澤彼五服	為免壺內外溫差影響茶的品質，滿溢前一般會再沿壺外淋上沸水。
13	撥雲盡霧	水注滿後，用壺蓋輕輕刮去浮於表面的無用雜質，使茶湯更清潔。
14	泉湧不休	刮去浮於表面的無用雜質後，蓋上壺蓋，再向沿壺外淋上沸水，以保持恆溫。
15	關公巡城	關公乃三教聖尊，此處泛指侯湯完畢後，執壺以其底部順時鐘往茶盤邊沿走刮一遍，一來去掉壺下殘水，二來取其摩擦時的聲聲金石，彷彿關帝代天巡狩之威勢，提醒賓客已該凝神準備品飲。（備註：此法若長期施行會損傷壺身，因此不建議時時跟隨。）[37]

36　全段為原文引述。

37　全段為原文引述。

（續上表）

16	韓信點兵	依次低斟茶水，直至壺中茶水剩餘少許時，再往各杯斟進餘茶，平均茶色。當然有部分人亦採用茶盅懸壺。
17	克己復禮	依尊長輩份請諸位慢享佳茗。

資料來源：姚斌奕著：《南洋茶事》（吉隆坡：馬來西亞唐藝軒文化企業，2017）。

對於早期南洋工夫茶的沖泡特色及緣由，從客觀的歷史因素，就可知過往舊事和明白南洋工夫茶品茗因何會選用黑茶。新生世代物資豐富，茶葉品種優良易得，應不知該年代華僑下南洋謀生的艱辛，也感受不到從他鄉尋找及品嚐原鄉茶民俗的曲折。茶文化在異鄉家園建立的精神，是由民俗傳承時所賦予的無形力量。1980 年代曾在大馬提倡工夫茶文化的學者陳蕾士教授（1919－2010），祖籍潮州，在馬來半島出生，是位曾在香港和台灣大學任教的古琴名家。他於七十高齡退休後，回馬來西亞吉打州，在雙溪大年市傳授家傳潮州工夫茶藝。2019 年，《茶雜誌》一篇〈南洋人物誌：陳蕾士教授〉曾曰：

> 本為純粹民俗的南洋工夫泡，其層面卻因陳教授而延伸提升至隱學之高度，往後二十年傳遍西馬半島。[38]

千禧年後，新生代熱愛工夫茶文化，烏龍茶再受重視，南洋茶藝團體便將「南洋工夫茶泡」一套十七道步驟的沖泡規程整合，程式詳盡，可算是沖泡黑茶十三式的更新版，有其歷

38 〈南洋人物誌：陳蕾士教授〉，《茶雜誌》，第 19 期（2017 年），頁 104。

史性前因。清代工夫瀹茶法形成後，從潮閩傳播海外的「工夫茶」民俗，經多代人內外傳承，在南洋出現一種不同的特色。

七、當代工夫茶的各地特色和異同

工夫瀹茶在各地傳播，規程略異卻各有特色，模式大多只於所在地域流傳。當代普及全國的工夫茶模式，是2008年列入我國非物質文化遺產名錄，屬民俗類別的「潮州工夫茶藝」。此民俗茶藝的沖泡規程，詳見名錄項目內容的説明，其規程參照陳香白在1997年研創的「潮州工夫茶藝」二十一式。[39] 此規程與1957年翁輝東〈茶經・工夫茶〉的烹法八式（表3-1）同樣來自潮州，但相隔半世紀，表述方式和內容有所不同。後者已成當代普及採用的茶藝模式，規程內文字簡單易明（表3-7），不作説明。2022年11月，聯合國教科文組織（UNESCO）將「Traditional tea processing techniques and associated social practices」（中國製茶技藝及相關習俗）列為人類非物質文化遺產項目，項目內的相關習俗（附錄六），按中國非物質文化遺產保護中心發佈於申報時用的影片可見，當中所述茶習俗之一，是以小壺小杯茶具沖泡，即本文所説的「潮州工夫茶藝」。

---

39 陳香白著：「潮州工夫茶藝演示程式」，《潮州工夫茶》（北京：中國輕工業出版社，2005年），頁93。按：工夫茶二十一式初稿成於1997年，詳見陳香白著：《工夫茶概論》（汕頭：汕頭大學出版社，1997），頁111。

表 3-7：中國「潮州工夫茶藝」二十一式

1. 茶具講示	8. 茗傾素紙	15. 低灑茶湯
2. 茶師淨手	9. 壺納烏龍	16. 關公巡城
3. 泥爐生火	10. 甘泉洗茶	17. 韓信點兵
4. 砂銚掏水	11. 提銚高沖	18. 敬請品味
5. 欖炭煮水	12. 壺蓋刮沫	19. 先聞茶香
6. 開水熱罐	13. 淋蓋追熱	20. 和氣細啜
7. 再溫茶盅	14. 燙杯滾杯	21. 三嗅杯底、瑞氣圓融

資料來源：2008 年國家非物質文化遺產名錄，民俗項目：序號 1014 編號 X-107。

明代瀹茶法流傳到清代，以小壺杯瀹茶品茗的模式，初見於袁枚於 1786 年寫的《隨園食單．武夷茶》，其後陸續出現不同的説法或模式。為比對各地的沖泡規程，現就各地工夫茶模式出現的先後，按年份匯合列表（表 3-8）作比較。表後就各地工夫茶的差別作説明，表內以小壺小杯品茗的通行模式為主，因各地名稱不一，故統稱「工夫瀹茶法」。

表內第一欄按年份和出處順序；第二欄分析茶葉和茶器特色；第三欄是模式名稱及沖泡規程，若無具體規程則按原文摘要，統稱「工夫瀹茶法」。

表 3-8：「工夫瀹茶法各地模式表」

（1）年份、地區、出處	（2）茶葉、茶器	（3）模式、沖泡規程
1786 年，武夷山。 袁枚：《隨園食單．武夷茶》，早期的「工夫瀹茶法」。	茶葉：武夷茶 茶器：小壺杯，見原文：「余遊武夷，……僧道爭以茶獻，杯小如胡桃，壺小如香櫞。」	無模式名稱，無規程。 按原文摘要：「每斛無一兩，上口不忍悉咽，先嗅其香，再試其味，徐徐咀嚼而體貼之，果然清芬撲鼻，舌有餘甘。」
1801 年，潮州。 俞蛟：《夢庵雜著．工夫茶》。	茶葉：閩茶 茶器：宜興小壺、爐形如截筒、鐺（煮水器），杯隨人數，壺杯分開二盤承放。（按：隨人數決定杯數量，即等額用杯。）	模式稱「工夫茶」。 原文有規程摘要：「先將泉水貯鐺，用細炭煎至初沸，投閩茶於壺內沖之。蓋定復遍澆其上，然後斟而細呷之。」
1854 年，福建省。 高繼珩：《蝶階外史．工夫茶》。	茶葉：武夷茶 茶器：小壺杯，壺杯比例無説明，壺杯分開二盤承放。	模式稱「工夫茶」。 原文有規程摘要：「第一銚水熟，注空壺中盪之潑去；第二銚水已熟，預用器置茗葉，壺中注水，覆以蓋，置壺銅盤內；第三銚水又熟，從壺頂灌之周四面，則茶香發矣。」
1858 年，閩南。 施鴻保：《閩雜記．功夫茶》。	茶葉：武夷茶 茶器：小壺杯，壺杯比例無説明。	模式稱「功夫茶」，無沖泡規程。 按原文摘要：「飲必細暖久咀，否則相為嗤笑。」
1924 年，台灣。 連橫：《雅堂文集．茗談》。	茶葉：武夷茶 茶器：小壺杯，孟臣壺，若深杯。	無模式名稱，無規程。 按原文摘要：「台人品茶，與中土異，而與漳、泉、潮相同。」
1937 年，閩南和潮汕。 吳秋山：〈功夫茶考〉。	茶葉：武夷茶 茶器：小壺杯（下同），按文內「考證十項」的説法。一壺配四小杯。	模式稱「功夫茶」，無規程。 按原文摘要：「我們的品茗，只要能夠領略，真茶的形色香味，在日常生活中得少佳趣，有益衛生，也計之得了。」
1957 年，潮汕。 翁輝東：「烹法」，〈茶經．工夫茶〉。	茶葉：閩茶 茶器：一壺配四小杯，壺杯分開二盤承放。	模式稱「工夫茶」，有完整規程，見「烹法」八式（表 3-1）。 按：收入《潮州方志．風俗篇》作為工夫茶沖泡方法。

（續上表）

（1）年份、地區、出處	（2）茶葉、茶器	（3）模式、沖泡規程
1980 年代，台灣。 劉漢介：「傳統式泡法」，《中國茶藝》。	茶葉：烏龍茶 茶器：一壺配四小杯，壺杯共用一盤承放。用儲茶盅（公道杯）分茶。	無模式名稱，有完整規程。見台灣「傳統式泡法」（表 3-3）。規程按「工夫瀹茶法」。
1980 年代，台灣。 劉漢介：「雙杯聞香品茗」，《中國茶藝》。	茶葉：烏龍茶（清香型） 茶器：一壺配四小杯，加聞香杯，壺杯分開二盤承放。不用儲茶盅（公道杯）作分茶。	無模式名稱，有完整規程。見台灣「安溪式泡法」（表 3-4）。（按：源於安溪之説，未有確實考證。）
1995 年，閩北。 黃賢庚：〈武夷茶藝〉。	茶葉：武夷茶 茶器：一壺配三或四小杯，比例無特別説明，壺杯分開二盤承放。	模式稱「武夷茶藝」，有完整規程。見〈武夷茶藝〉十八道（表 3-2）。
2008 年，中國非物質文化遺產，民俗項目「潮州工夫茶藝」。	茶葉：鳳凰單叢（清或濃香型） 茶器：一壺配三小杯，壺杯分開二盤承放。	模式稱「潮州工夫茶藝」，有完整規程。見陳香白「潮州工夫茶藝」二十一式（表 3-7）。
2017 年，吉隆坡。 姚斌奕著：「南洋工夫泡」，《南洋茶事》。	茶葉：烏龍茶，再經當地復火。兼用廣西六堡茶（黑茶）。 茶器：一壺配三小杯，壺杯分開二盤承放。	模式稱「南洋工夫泡」，有完整規程。見「南洋工夫泡十七式」（表 3-6）。
2019 年，香港。 〈顏奇香茶莊〉，《茶雜誌》，第 27 期。	茶葉：安溪鐵觀音（濃香型） 茶器：一壺配三小杯，壺杯分開二盤承放。按：小杯擺向，有分主賓。	無模式名稱，規程按潮汕「工夫瀹茶法」（表 3-5）。
2019 年，香港。 〈堯陽茶行〉，《茶雜誌》，第 27 期。	茶葉：安溪鐵觀音，再經當地復火成濃香型。 茶器：一壺配四小杯。	無模式名稱，規程按閩南「功夫瀹茶法」（表 3-5）。
2019 年，香港。 楊智深：〈工夫茶口訣闡述〉，《茶雜誌》，第 27 期。	茶葉：武夷岩茶 茶器：一壺配四小杯，壺杯分開二盤承放。	模式是穆如茶學內容之一，有完整規程十一步驟。本文稱作：楊智深「穆如功夫茶十一式」（詳見附錄七）。

上列「工夫瀹茶法各地模式表」，如按年序上溯可得知，文獻上瀹茶品茗以「工夫茶」作名稱，始見於 1801 年的潮汕地區，因俞蛟著《夢庵雜著．工夫茶》而得名。初期只有簡略的沖泡程序，到 1957 年，翁輝東寫〈茶經．工夫茶〉，此品茗模式才有完整的沖泡規程和說明，其後各地便陸續有不同規程出現。現分別補充說明當中各項要點：

第一欄：「年份、地區、出處」

工夫茶品茗模式，是明末清初潮閩兩地茶民俗。初期未有專用名稱，在「工夫茶」開始被用作民俗的慣稱時，便按俞蛟 1801 年書成〈工夫茶〉一文，作為開始命名的年份，和把文內相關的地區——潮州，作為其出處。

第二欄：「茶葉、茶器」

（1）早期選用濃香型閩茶為多，多屬部分發酵青茶，經高溫多次烘焙而成，含武夷岩茶、安溪鐵觀音；製茶法與紅茶、綠茶不同，因工夫瀹茶法能發揮青茶優點，故工夫茶先以此茶類為主。

（2）茶葉口感的變化和提升，因製茶工藝的改善，發展和製成清香型青茶（只經輕火烘焙而成），可沖泡出有不同花果清香味的茶湯，香氣高，咖啡因濃度較低，適合不同體質人士，因受歡迎而流行。潮汕地區茶葉（改革開放後）多改用當地種植的鳳凰單叢為主。台灣流行用雙杯聞香，當地高山茶有高香氣特徵，故多被選用。南洋地區為適合風土，用廣西六堡茶茶葉（屬二次發酵黑茶），並在當地普及。

（3）當代茶壺類型以傳統水平壺（壺咀、壺口、壺柄三山齊）為主，材料用宜興紫砂或潮州朱泥製造，容量以小為主

（90－150 毫升），[40] 蓋碗只作權宜之用，並非用作主流泡茶器。茶壺形狀有梨形、水平、西施，三者功能不同，按品茗者喜愛而選用。

（4）歷代茶杯變化不大，容量以小為佳（約 25－35 毫升），[41] 用白色的瓷製杯為尚，作反映茶湯顏色用，形狀以口沿外撇，可防燙手為佳（按：慣稱「若深杯」）。

（5）傳統茶席上，小杯各自取用品嚐，飲畢原杯復位。清代俞蛟〈工夫茶〉一文說「杯隨人數」，翁輝東則寫：「壺之採用……爰有二人罐、三人罐、四人罐之別。」可知清代至民國時，杯數與人數以等額為主；壺杯比例，則隨人數而定，無明確規定。改革開放前後，曾有「差額用杯」的方法，即杯數比人數少一個，數個小杯以熱水燙洗後共用，造成彼此謙讓的情況，此舉因衛生原因而不普及。況且請長輩先取先用，也有謙敬之禮儀。茶客多少，杯數權宜按人數便可，茶席人數多時可另加壺具，可見工夫茶席上，品茗提杯和按人數選壺，有其傳統的方法。

（6）早期潮閩兩地茶器配置，壺杯分開用盤承放；按各文獻記載，杯盤方圓皆有，大小以放四杯為準，約定俗成，亦非刻意。改革開放後，潮汕地區改用一壺配三杯；因杯數少，便可易於操控茶湯濃淡。其時陳香白經常作工夫茶推廣和受採訪，演示時均以一壺配三杯作標準格式，且有茶三酒四的諺語，故陳香白工夫茶藝二十一式和以三杯配置的模式很受歡迎和被推廣採用，當今已成潮汕慣例。三小杯品字形擺向，分主

---

40 葉漢鍾、王岳飛等主編：《潮州工夫茶藝技術規程》，收入中國茶葉學會團體標準（T/CTSS 5-2019），2019 年 12 月 18 日發佈。

41 同上。

客而有不同，各人按方向取用，不易混淆。閩南功夫茶一壺配四杯，則無此例。此為當代潮閩兩地工夫瀹茶模式的明顯分別。

（7）民國成立前後，潮州有生產瓷製或錫製組合茶盤供應市場，上層把茶杯和茶壺一起放置，下層儲存沖泡時濺出茶水，適合家庭式採用；台灣方面，茶盤用較大面積的竹木製方形二層盤，將各式茶具放置其上，稱「濕泡」，以茶藝演示和茶館採用為多。傳統上，壺和杯是分開兩盤各自承放，因壺盤靠近主泡茶人，便於納茶刮沫和可用熱水浸壺恆溫，此基本模式至今仍然保持保留不變。

（8）1950 年代，各地潮州工夫茶沖泡時，有把茶壺覆置於「擱壺盅」內的做法，如翁輝東所說「覆壺滴盡」，把壺內留下的茶水流出，此法適合濃香茶湯，避免影響下輪茶湯。

（9）1980 年代，台灣「傳統式泡法」有用稱作公杯的儲茶盅，作為品茗人眾多時作分茶用，或方便為坐於席外者添茶，關公巡城和韓信點兵的方式則不適用；杯隨人數，杯的數量隨人數而增減;有聞香用途的高身筒形杯，同時在台灣出現。

第三欄：「模式、沖泡規程」

（1）早期各地文獻寫述工夫品茗茶事，多只扼要敍述，沒有完整的沖泡規程。1957 年，翁輝東寫「烹法」八式後，各地的沖泡規程陸續出現，各種規程分若干式説明，過程因而能詳細表達；介紹文字或有不同，但要點相若。

（2）各地亦有增加不同的規程，多為配合不同情況而設；如南洋有為揮發壺內茶葉雜味的乾蒸過程；台灣因有雙杯聞香品茗模式，於疊杯後便增加一式返扣雙杯的過程；香港則為提升茶湯濃度，在納茶時便稍將部分茶葉壓碎。

（3）翁輝東寫「烹法」八式，簡樸實用，作迎賓敬客、好友茶敍或天倫品茗之用，此三種基礎用途，實以家庭為軸心。當代模式因考慮作演示用，突出藝術美感，以茶藝為重心。兩者性質互為補充。

以上各種異同和變化，多因應傳播地方風俗而生成。唯一沒有變化的例外，是壺和杯的容積，數百年來仍維持以小為佳，以家庭為基礎，此為工夫茶的基本條件和核心。品茗文化在不同時代和不同地方的傳播，會隨着各地社會不同的發展而有差異，可證民俗會隨時間而進展，逐步完善，如遇着資源和在地客觀條件不同，才作適宜的變化，幾成定律；風俗百里不同，確有其事，也有其因。

第四章 結語

工夫茶的品茗模式是潮閩兩地百姓，經二百多年集體經驗衍生的民俗。本書已探索出元代在武夷山置場官和設貢焙局後，因工序技術提升而製成的茶葉適宜用於泡茶，這種泡茶方法在元代時先普遍出現於南方，到明代才有具體規程的「瀹茶法」在各地普及，用來泡茶品飲；到了清代，便出現用小壺小杯品茗的「工夫瀹茶法」。後者的模式在不同時代中傳播和成長，逐漸形成具不同地方色彩的「工夫茶」民俗。各地瀹茶品茗的方法均有其特色，現把各地的特徵和異同作一總結，進而探討其可持續發展的可能。當今各種工夫茶活動多凸顯外在的沖泡模式，鮮有談及內涵，故有需要將其蘊藏的「和敬、維繫」等精神文化要點同時寫出，作為工夫茶民俗傳承應有的方向。

一、工夫茶的各種變化

工夫茶在不同時代的流行，產生不同的改變和特色，本書以歷代文獻作研究和分析，得出種種變化和說法的成因。現總結歸納成三項：（1）工夫茶茶葉和茶俗，曾採用一樣的名稱，卻代表不同的角色；（2）潮閩兩地的茶俗，有工夫茶、功夫茶兩個不同的稱呼，但演繹相同的品茗模式；（3）同一樣的青茶類（烏龍茶），在各地有不同要求的濃淡和口味。凡此種種，均隨着歷史而出現變化或消失。

（1）「工夫茶」：同樣的名稱，不同的角色

清代，工夫茶曾是一種名優茶葉產品，是在福建種植和製作的重要經濟產值，潮閩民眾因而累積用此茶葉的品茗經驗；而「工夫茶」的沖泡模式名稱，於嘉慶年間首先在潮州出現。隨着潮汕地區族群間相傳，形成具地方特色的茶俗，是工夫茶俗的里程碑。此時期的「工夫茶」有茶葉和茶俗兩個不同的角色。明末開始，因應外銷市場的大需求，以「工夫茶」命名的茶葉在市場大量流通，外語則以英文「Congou」作為英譯名稱（按：Congou 的英語詮釋為工夫紅茶和 black tea），其後因與他國茶葉在價格競爭和質量的差異，在兩者均失利的情況下，出口量衰落。工夫茶作為茶葉的名稱，因市場主導角色的失去而少用，可見名稱因時代和環境的變遷而改變。本書就文獻搜集所得，民初後，原作為茶葉名稱所用的「工夫茶」一詞，改以「工夫紅茶」或「紅茶」替代；而作為潮汕地區的茶民俗，「工夫茶」此名稱則仍在海內外沿用至今。

（2）「工夫茶、功夫茶」：一樣的茶民俗，不同地方的名稱

工夫茶和功夫茶有一字之別，兩詞均是指沖泡品茗的模式，以壺瀹茶泡飲的方法，於明代普及後，從清代中葉起，兩個名稱便被用作小壺小杯沖泡和規程考究的茶俗名稱，分別在粵東潮汕和閩南漳泉出現。兩者最初見於成書在不同年份的古籍，先有來自浙江山陰人俞蛟著的《夢庵雜著．工夫茶》，成書於 1801 年；其後有來自浙江錢塘縣人施鴻保著的《閩雜記．

功夫茶》，成書於咸豐八年（1858 年）。兩位作者均來自潮閩以外地區，其描述客觀和可信。兩文本所寫品茗模式的所在地，分別在潮州和漳泉，可證兩茶俗名稱，年代相近，但來自不同地方。名稱雖然形成於兩處地方，但兩地鄰近（按：591 年，隋文帝置潮州，轄地東至漳州；唐垂拱二年，即於 686 年割潮州與泉州鄰近地方，設立漳州）[1]，可見兩處民俗、文化、語言相近，是有其歷史遠因，兩地沖泡模式相若，明顯只是用字的不同，名稱的用字各異只是歷史的遺留問題。當代社會對兩名稱的詮釋，持不同的見解，此處不作贅述。蓋民俗文化的取名，隨各地方民眾的參與度作取向，各有前因和意義，名稱是約定俗成便可。當代茶學者應匯合兩地茶俗的優點，整合出一套普世認同的品茗文化，共創中華茶文化之光。

（3）一樣的瀹茶模式，不同的茶葉和茶器

工夫茶葉的始祖是武夷岩茶（烏龍茶），[2] 蓋工夫瀹茶法，能發揮此茶葉的優點，故元代及其後，江南地方的品茗者，以選武夷岩茶為主。青茶類（烏龍茶）在各地均有種植和製作出不同的品味，但價格的差別，令各地沖泡工夫茶時選用的茶葉，出現不同的選擇和轉變。這些因素反映在武夷岩茶產區以外的潮汕、香港、台灣、南洋等地。各地茶葉選用轉變的原因，在香港，茶莊藉重烘焙提升及改用泉州安溪鐵觀音的品味，以滿足市場追求，濃香茶湯令工夫茶在此地蓬勃；而南洋

---

1 〔清〕顧祖禹著，賀次君、施和金點校：〈漳州府〉，《讀史方輿紀要》（北京：中華書局，2005 年），卷九十九，福建五，頁 4542。

2 莊晚芳等編：《中國名茶．武夷岩茶》（杭州：浙江人民出版社，1979 年），頁 10-11。據文中記載，武夷岩茶是工夫紅茶（congou）的始祖。

雖也有用武夷茶和安溪鐵觀音，但民眾因風土的適應性，也選用廣西六堡黑茶（經特別發酵而成）。近代日本人稱作煎茶道的品茗模式，是工夫瀹茶法的一種，所選茶葉則以綠茶為主。以上各地要求的茶葉品種，在不同地區均有所變化；此外，為令茶湯有更佳的感受，也促成各地有其特別的沖泡方法。

台灣茶種因有高香氣的特色，新的茶器「聞香杯」因而流行；潮汕地區在改革開放後，因鳳凰單叢茶葉的改良，茶農成功種植出有花蜜味的單叢茶葉，並選用能輕易發揮茶香的蓋碗來沖泡，可見從茶葉的茶性、口感、濃淡和質素不同的轉變，會令茶葉、茶具、沖泡規程等產生變化，此三者非一成不變。

總結各地工夫茶事器皿的配用如聞香杯、儲茶公道盅和滴茶盅等，各取所需，各適其所適。至於壺杯配比的數量，在中國改革開放前，海內外工夫茶民俗均以一壺配四小杯為主；其後，工夫茶泰斗陳香白在示範工夫茶藝時，均以一壺三杯的茶具配置為基準，據陳香白解釋，此乃在選用潮州的鳳凰單叢茶葉沖泡時，杯數三易於調控茶湯的濃淡。此後，潮汕地區以至海內外，壺杯比例便多改成一壺配三小杯，而福建閩南民系則慣常仍沿用一壺配四杯之茶俗，值得一提的是，在日本國內卻流行一壺配五杯。各地茶俗配置的茶具，不同時代有不同變化，此正是各地民間風俗的自然所趨，不用刻意轉變，或作規定一致的要求。但「工夫瀹茶法」用小壺小杯和乘熱品嚐的特色，是數百年來保持至今的核心基礎傳統，則從來沒有改變。

二、工夫茶在當代的發展

當代工夫茶俗和茶藝活動的發展，日益蓬勃，便有需要訂立明確的沖泡規程標準和傳承的方式。2019 年 12 月 18 日，中國茶葉學會發佈，由葉漢鍾、王岳飛等主編的《潮州工夫茶藝技術規程》(*Technical regulation of Chaozhou gongfu tea ceremony*)，收入「中國茶葉學會團體標準，編號：T/CTSS 5—2019」，作為工夫瀹茶法的團體標準。此技術規程標準，附有茶壺、茶杯、茶具配套的參考準則和沖泡步驟，可用作技能培訓的教材。潮州工夫茶於 2008 年列入國家非物質文化遺產中的民俗類目，説明當地工夫茶俗有其獨特處和得到社會所認同。潮汕地區因而設立《工夫茶傳承人名錄》制度，工夫茶的學習除憑家庭傳承和師徒教授外，經培訓和考核參加者對傳統工夫茶藝的整體認識合格後，可作記名認證。這個制度的設立，促使獲頒發證明者肩負茶文化使者和傳承人的身份，發展出一套做好傳播和宣揚茶禮儀文化的傳承體制。

工夫茶藝現今成為國內及國際茶文化交流會中的主要項目和角色，近年茶事和活動的發展較多和受到注目，當中有 2018 年 12 月在深圳舉辦的首屆國際工夫茶大賽，遠至歐美等國亦有工夫茶愛好者到來參與；2019 年 7 月在香港舉辦工夫茶論壇「茶・工夫」，有來自潮州、香港、台灣和馬來西亞等地的茶文化界和學者，匯聚香江共同討論和交流各地的工夫茶文化。其後於 2021 年舉辦首屆全國性的中國工夫茶大賽，成為獨特的全國性競賽活動。此外，以「功夫茶」名稱舉辦的茶事活動，有 2021 年 3 月在漳州市召開的功夫茶申遺工作部署會議，同年 7 月台灣新北市茶商業同業公會舉辦台灣功夫茶泡茶師評鑑會。由此可見，工夫茶和功夫茶兩者均各自發展着不同的活動，這些交流和傳播活動廣受媒體和業界的關注。2022 年 11 月 29 日，中國非物質文化遺產保護中心宣告「中國傳統製茶技藝及其相關習俗」，被聯合國教科文組織機構（UNESCO）列入人類非物質文化遺產的名錄，頓使中國茶文化中的工夫茶民俗，備受普世關注。

在媒體和市場活躍的情況下，工夫茶發展的方向大多聚焦在其表面和效益，並迎來了當代工夫茶文化的最大挑戰，加上社會急促的生活節奏，速成的飲料替代用心細緻製茶和享受品茗的情趣，多種因素使工夫茶用以禮賓敬客和雅敍閒樂的內涵未能好好發揮，品茗民俗內「和、敬、雅、樂」的真諦或將消失。中國在新世代的工夫茶事，若單單步向演示化和市場化，飲者雖眾，識其義者寡；為宣揚真正的「工夫茶」文化，便須完善地定出目標和路線，其方向便是發揚工夫茶本身，其藉以傳承數百年不息的內涵精神。

三、工夫茶內涵的真諦

工夫茶習俗以家庭和敬為核心，充滿禮儀內涵，對新世代日漸淡忘的禮儀精神，應有所幫助。潮閩民系早期移居海外，工夫茶也在他鄉出現，源於他們對原鄉家庭和敬的記掛和人際間相互維繫的情誼；工夫茶俗在海外各民系族群間至今傳承不息，足證工夫茶民粹內充滿「和敬、維繫」的禮儀精神。

工夫茶茶藝的雅緻和美感，亦能陶冶和充實每個人的心靈；這種蘊藏的精神良藥，是現代人所缺乏，也是近代教育家所推崇的美學教育。和諧共敍品茗的工夫茶民俗，不論是家庭的天倫茶敍、茶館品嚐或在戶外沖茶暢飲，箇中雅樂的怡情和互動，彌足珍貴和值得學習。若社會各層面都能努力推動，可發揮其德育和美育的功效，給大家完美的精神文化和力量。

當代工夫茶沖泡的模式已成為各種茶活動的主流，活動不應單純以演示的方式進行，而忽略其蘊藏德和美的內涵。早在 1993 年，陳香白在〈潮州工夫茶與儒家思想〉文中，[3] 便寫出潮州工夫茶有內在四美：「人性美、民俗美、藝術美、程式美。」他重視儒家思想內人的價值。提出四美，是將潮州工夫茶人性化；提倡以奉茶迎賓和敬讓禮儀的「人性美」，以發揚其「民俗美」的精神，和重視沖泡時的「藝術美、程式美」。陳香白倡議用工夫茶的內在「四美」，作為德育和美育教材，把工夫茶民俗成為教學課題。1996 年 1 月，廣東韓山師範學院潮汕文化研究中心，組建成立「潮州工夫茶演藝團」，[4] 是潮汕地區第一個把實踐工夫茶的品茗模式，納入作為校外課題活動，讓學生從中體驗禮儀文化，這種面向社會的德育課題，同時能鼓勵和加強品茗時的人文氣息，行之有效，長遠當可培養出富涵養素質、充滿人性美和藝術美的新一代，使此珍貴的傳統茶文化傳承不息。

現今種種缺乏宣揚內涵真諦的茶活動，已開始動搖這茶民俗的精神價值，使其真諦無從發揮。各種品茗和茶藝活動須加強表達工夫茶民俗內涵「和敬、維繫」的元素，才得充實。這方面的工作，得賴文化教育界、學者和社會各階層來推動。

---

3 陳香白：〈潮州工夫茶與儒家思想〉，《潮州文化述論選》（廣州：中山大學出版社，1993 年），頁 119-127。

4 陳香白：《潮州工夫茶概論》（汕頭：汕頭大學出版社，1997 年），頁 121。

四、工夫茶的傳承

茶民俗的傳播，源於地區民眾的習慣，相敍品茗代表着人們心中的融洽及和諧，自此被人們廣泛傳播和沿襲，成為大眾的喜好或日常行為，世代相傳。各地茶模式沖泡的茶湯，非單單是飲料，更是一般民眾以至文人的習尚和精神文化。中國茶文化的精神，以茶載道，是融入哲理和人文精神的國粹，有着不同層次和精神的茶道。

工夫茶茶民俗的傳承，會隨社會的地域、經濟、傳説等歷史因素，而有所改變及衍生，往往會創造出其獨特的地域文化，並確立成為一種新的茶俗文化。潮閩地區工夫茶習尚成風氣，以民眾為基礎，家庭和敬為核心，兩地民眾的工夫茶習俗，可稱之為「百姓茶道」。再者，當代文人雅士將工夫茶具、品茗工序和環境氛圍等改良，以追求雅樂和美化的品茗習尚已成風氣，可追溯源於唐宋明清的「人文茶道」，古已有之。此外，我國各地習俗，早已有敬茶禮儀，以茶行禮的傳統，是為「禮儀茶道」。中國茶文化範圍廣泛，經歸納有以上三種不同形式的茶道文化，表現出不同的精神和文化特色。工夫茶習俗是「百姓茶道」和「人文茶道」的主流，當中「和敬雅樂」反映茶以載道的精神文明，值得宣揚和傳承。

工夫茶藝採用的茶具、茶葉和沖泡規程，各地區在不同時代有不同的特色。清代以宜興紫砂壺為主，但近代因使用茶葉品種不同，潮汕等地便有用朱泥壺及蓋碗來瀹茶；但不論何時何地，大部分工夫茶具的結構核心仍是小壺和小杯。此外，各地茶藝也產生不同的變化和特色，但其共通處，是為把茶葉的優點沖泡出來。新時代新媒體的發達，跨地區的資訊快速傳播，工夫茶文化的新接觸者，或無所適從。為利於初學者學習，本文綜合工夫茶事各項內容，結合成一套完整模式，當中沖泡的工序以中國非物質文化遺產「潮州工夫茶藝」為本。此綜合模式稱為「新時代工夫茶」，共分四則（詳見附錄八），闡述工夫茶事本意和體驗內涵，並有茶具配置和精簡的沖泡工序；期望藉着簡要易明的內容，承先啟後將流傳數百年的工夫茶品茗傳統、技藝和蘊藏的文化精神廣為傳播，作為傳承我國茶文化的新里程。

工夫茶民俗為中國泡茶文化的重要相關習俗，糅合了各地特色，彼此承載着各地域的風尚。百里不同風，千里不同俗，風尚變成民俗有其時代特色；中國現代的工夫茶民俗集人民智慧的大成，從長期的經驗中觀察而改進，用傳承的方式發揚。各地的沖泡模式和茶器，出奇地大多如出一轍，中國改革開放後，人民生活物質和精神文化提升，工夫茶茶器優雅和多樣化，但沖泡的基礎仍沒大改變，主因應是工夫茶沖泡流程可簡易地沖製合適口味的茶湯，故能保存至今。

工夫茶向外傳播，在原地民俗文化的影響下，各地品茗時的禮儀，均以和諧敬客為上，如要遵守第一巡茶的第一杯，要請在座的長輩或聲望地位高的人先喝，即「先尊後卑，先老後幼」，還要「先客後主，司爐最末」等規則。茶人陳香白提出工夫茶的核心，實非其過程，而是在工夫茶品飲中體驗其內在的「和敬之美」。[5] 然而，當代社會大眾均以突顯其泡茶程序為主題，實非民俗傳承的良方。傳承過程中，工夫茶不單是沿襲其程序及格式，而是雅俗共享地傳承其民俗內涵和謙讓的禮節。

5　陳香白：《中國茶文化》（太原：山西人民出版社，1998 年），頁 112-125。

附　錄

一：工夫瀹茶法名稱及相關詮釋文獻資料（1734－2023 年）

列表內的名稱按出現時間順序排列，第一欄是成書或開始流通的年份，第二欄括號內為本文加上的詞義，第三欄為資料來源，附說明摘要。

年份	詞彙	文獻資料
1734	工夫茶（茶葉）	陸廷燦：〈八茶之出〉，《續茶經》，載《文淵閣四庫》（台北：商務印書館，1985 年），第 844 冊，頁 766。摘錄原文：以所產之巖名為名。其最佳者，名曰工夫茶。
1736	工夫茶（茶葉）	馬士著，區宗華譯：《東印度公司對華貿易編年史》（廣州：中山大學出版社，1991 年），第一卷，第二十四章，頁 254。乾隆元年（1736）來華貿易的一般英國商船，從廣州回程時所載的八項商品的帳目清單中，包括工夫茶葉（298 擔，折重 18,022 公斤）。
1748	工夫茶（好茶） 茶米（茶葉）	〔清〕蔡伯龍：〈新刻官話彙解，便覽卷上・飲食調和〉，《官音彙解》（霞漳顏錦華藏板，乾隆初年，頁 44)。資料來源：日本關西大學圖書館藏。「茶米、好茶」的官話為「茶葉、工夫茶」。
1801	工夫茶（工夫瀹茶）	〔清〕俞蛟著：《潮嘉風月・工夫茶》，敬藝堂藏版，道光八年（1828 年）刻刊。資料來源：美國哈佛大學漢和圖書館藏書。書成於嘉慶五年（1801 年）。摘錄原文：工夫茶烹治之法，本諸陸羽《茶經》，而器具更為精緻。……
1822	CONGO TEA（茶葉）	馬禮遜編：《英華字典》（澳門：英國東印度公司澳門印刷廠，1822 年）。《英華字典》是第一本由英國傳教士編寫的英華字典摘錄詮釋：CONGO TEA，工夫茶，kung-foo cha, kung foo means work, perhaps the name is intended to express that the tea requires mush work。

（續上表）

年份	詞彙	文獻資料
1845	工夫茶（茶葉）	梁章鉅撰，于亦時點校：「茶名四等」，〈品茶〉《歸田瑣記》（北京：中華書局，1981 年），卷七，頁 145。「工夫茶」為武夷山名優茶葉之一。
1854	工夫茶（茶葉）	〔清〕高繼珩著，周郁浩標點：〈工夫茶〉，《正續蝶階外史》（上海：大達圖書供應社，1936 年），頁 65。清咸豐甲寅年（1854 年）刻本，於 1936 年 6 月標點再版 。工夫茶在這裏指工夫茶葉，坊間有版本誤作功夫茶。
1858	功夫茶（工夫瀹茶）	〔清〕施鴻保撰：《閩雜記》刻本，哈佛燕京圖書館藏書，卷十，功夫茶，頁 1。定稿於咸豐 8 年（1858）後刻印。摘錄原文：「功夫茶」漳、泉各屬，俗尚功夫茶，器具精巧，並有小如胡桃者，名孟公壺，杯極小者，名若深杯，茶以武夷小種為尚……
1908	Congo（紅茶名）	顏惠慶編：《英華大辭典》（上海：商務印書館，1908 年），「Congo」，頁 452。摘錄詮釋：A species of black tea from China，紅茶名。《英華大辭典》為中國第一本英華字典，由上海、香港兩地中國學者編寫。
1915	工夫茶（工夫瀹茶）	陸爾奎等編：「工夫茶」寅集，《辭源》（上海：商務印書館，1915 年初版），頁 156。摘錄詮釋：廣東潮州所尚品茶之事。……。民初首部工具書，在 1979 年香港版《辭源 · 修訂本》始加入功夫茶詞條的詮釋。
1917	工夫茶（工夫瀹茶）	〔清〕徐珂：〈邱子明嗜工夫茶〉，《清稗類鈔》（上海：商務印書館，初版約 1917 印），第 47 冊，飲食類，頁 105。坊間有版本作「功夫茶」。
1921	功夫茶（工夫瀹茶）	小橫香室主人編：《清朝野史大觀 · 功夫茶二則》（上海：中華書局，1921 年）。第一則：部分摘錄〔清〕徐珂《清稗類鈔》；第二則：全文抄錄〔清〕俞蛟：《夢庵雜著 · 工夫茶》。

（續上表）

年份	詞彙	文獻資料
1936	工夫茶 （工夫瀹茶）	舒新城等編：「工夫茶」寅集，《辭海》（上海，中華書局，1936 年初版），頁 150。摘錄詮釋：潮嘉風月記：工夫茶烹治之法，本諸陸羽茶經……。1947 至 1999 年各種修訂版本沒有功夫茶詞條的詮釋。
1937	功夫茶 （工夫瀹茶）	吳秋山：〈功夫茶考〉，《福建茶葉》，第 3 期（1981 年），頁 45－49；第 4 期（1981 年），頁 47－53。原作者稱原文於 1937 年初稿，1945 年 10 月訂正。
1956	工夫茶、功夫茶 （工夫瀹茶）	諸橋轍次主編：《大漢和辭典》（東京：大修館書店出版，1956 年）。（1）「功夫茶」，第二冊，頁 1449，摘錄詮釋：《閩雜記》漳泉各屬，俗尚「功夫茶」……。（2）「工夫茶」，第三冊，頁 3746，摘錄詮釋：廣東省潮州茶法。……。香港中央圖書館藏書。
1957	工夫茶 （工夫瀹茶）	翁輝東撰：〈潮州茶經．工夫茶〉，《潮風》1960 年代期刊。（注：原文以手寫油印，於 1957 年清明發表。）
1979	工夫茶、功夫茶 （工夫瀹茶）	《辭源修訂本》（香港：商務印書館，1979 年北京修訂，1980 年香港印），（1）「工夫茶」，頁 954，摘錄詮釋：廣東潮州地方品茶的一種風尚。……。（2）「功夫茶」，頁 373，摘錄詮釋：即工夫茶。清施鴻保閩雜記十：漳泉各屬，俗尚功夫茶。……。
1988	工夫茶、功夫茶 （工夫瀹茶）	羅竹風主編：《漢語大詞典》（香港：三聯書店；上海：漢語大詞典，1988 年聯合出版），（1）「功夫茶」，卷二，頁 766，摘錄詮釋：亦稱「工夫茶」，閩粵一帶的一種飲茶風尚……。（2）「工夫茶」，卷二，頁 952，詞條詮釋同功夫茶。
1996	工夫茶 （工夫瀹茶）	翁輝東撰：〈潮州茶經．工夫茶〉，《潮安文史》創刊號（潮州：潮安縣政協文史委員會編，1996 年 12 月），頁 147。（按：原文於 1957 年清明，以手寫油印發表。）

（續上表）

年份	詞彙	文獻資料
1998	工夫茶（工夫瀹茶）	李榮主編：《福州方言詞典》（南京，江蘇教育出版社，1998 年），「工夫茶」，頁 333，摘錄詮釋：一種茶道，茶壺中裝滿茶葉，用小茶盅以慢工夫品濃茶。（按：音語詞典中鮮有詮釋工夫茶、功夫茶。）
2005	工夫茶（工夫瀹茶）	饒宗頤總纂：〈茶經・工夫茶〉，《潮州志》（潮州：潮州市地方志辦公室，按 1949 年版重編，2005 年印），第八卷，風俗志，頁 3495。
2005	Congou（茶葉）	《牛津簡明英漢雙解詞典》（中國：牛津大學出版社，2005 年），頁 417。Cogou 解工夫茶，説明為一種中國紅茶。
2008	工夫茶（工夫瀹茶）	中國國務院於 2008 年 6 月 7 日，批准文化部將「潮州工夫茶藝」列入國家級非物質文化遺產代表性項目名錄。參考中華人民共和國中央人民政府：《國務院關於公佈第二批國家級非物質文化遺產名錄和第一批國家級非物質文化遺產擴展項目名錄的通知》，項目由廣東省潮州市申報，項目類別為「民俗」。
2010	工夫茶（工夫瀹茶）	張曉山編：《新潮汕字典》（廣州：廣東人民出版社，2010 年），「工夫茶」，頁 134。摘錄詮釋：「一種廣泛流行於潮汕地區的飲茶風尚。……」。
2016	工夫茶、功夫茶（工夫瀹茶）	《現代漢語詞典》（北京：商務印書館，2016 第 7 版，2018 年），（1）「工夫茶」頁 448；摘錄詮釋：工夫茶，福建、廣東一帶的一種飲茶風尚，……。（2）「功夫茶」頁 454，摘錄詮釋：同工夫茶。
2017	工夫茶茶葉製作技藝（福建省省級非遺）	2017 年 1 月 11 日，工夫茶葉（紅茶）製作技藝列入福建省第五批省級非物質文化遺產名錄，屬推薦擴展項目名單中的「傳統技藝：政和縣工夫茶製作技藝」。

（續上表）

年份	詞彙	文獻資料
2020	功夫茶（工夫瀹茶）	2020 年 11 月 24 日，「閩南功夫茶習俗」列入福建省漳州市市級第八批非物質文化遺產代表性項目名錄，類別：「民俗」。詳見：漳州市人民政府文件：漳政綜 2020_59 號。
2023	工夫茶（茶葉）	《重編國語辭典修訂本》（台北：本辭典網路第六版，2021 年），摘錄詮釋：一種發酵過的茶。參見「紅茶」條。2023 年 9 月 30 日，引自：https://dict.revised.moe.edu.tw/dictView.jsp?ID=74740&word=%E5%B7%A5%E5%A4%AB%E8%8C%B6
2023	老人茶（工夫瀹茶）	《重編國語辭典修訂本》（台北：本辭典網路第六版，2021 年），摘錄詮釋：即功夫茶。由於沖泡極為講究……。2023 年 9 月 30 日，引自：https://dict.revised.moe.edu.tw/dictView.jsp?ID=60496&word=%E8%80%81%E4%BA%BA%E8%8C%B6#searchL。此辭典無功夫茶詞條，只見於老人茶內的詮釋。
2023	Congou（茶葉）	維基百科（英文版），摘錄詮釋：Congou (Chinese: 工夫紅茶) is a description of a black Chinese tea variety used by 19th-century tea importers in America and Europe. 2023 年 9 月 30 日，引自：https://en.wikipedia.org/wiki/Congou，原文最後編輯日期：2023 年 8 月 17 日。
2023	Gong tea（工夫瀹茶）	維基百科（英文版），摘錄詮釋：Gongfu tea or kung fu tea (Chinese: 工夫茶 or 功夫茶; both gōngfū chá), literally "making tea with skill"。2023 年 9 月 30 日，引自：https://en.wikipedia.org/wiki/Gongfu_tea，原文最後編輯日期：2023 年 9 月 6 日。
2023	Kung Fu Ch'a（工夫瀹茶）	維基百科（英文版），摘錄詮釋：Redirect page：「Gongfu tea」。2023 年 9 月 30 日，引自：https://en.wikipedia.org/w/index.php?title=Kung_Fu_Ch%27a&redirect=no，原文最後編輯日期：2023 年 9 月 7 日。

二：翁輝東〈茶經・工夫茶〉「工夫茶之構造條件」

	說明（按原文摘要）
一、茶之本質	我國產茶名區，有祁門、六安、寧州、雙井、弋陽、龍井、太湖、武夷、安溪，以及我潮之鳳凰山、待詔山等。而茶之製法，則有紅茶、磚茶、綠茶、焙茶、青茶等。茶之品種，則有碧螺春、白毛猴、鐵觀音、蓮子心、老鳥咀、奇種、烏龍、龍井等。潮人所嗜，在產區則為武夷、安溪，在製法則為綠茶、焙茶，在品種則為奇種、鐵觀音。
二、取水	評泉品水，陸羽早著於先；潮人取水，已有所本。考之《茶經》：「山水為上，江水為中，井水其下。」又云：「山頂泉輕清，山下泉重濁，石中泉清甘，沙中泉清冽，土中泉渾厚；流動者良，負陰者勝、山削泉寡，山秀泉神，其水無味。」甚且有天泉、天水、秋雨、梅雨、雪水、敲冰之別。潮人嗜飲之家，得品泉之神髓，每有不憚數十里，諸某山某坑取水，不避勞云。
三、活火	煮茶要件，水當先求，人亦不後。蘇東坡詩：「活水仍須活火烹」、活火者，謂炭之有焰也。潮人煮茶，多用絞只炭以其堅硬之木，入窯窒燒，木脂燃盡，煙嗅無存，敲之有聲，碎之瑩黑，以之熟茶，斯為上乘。更有用橄欖核炭者。以烏欖剝肉去仁之核，入窯窒燒，逐盡煙氣，儼若煤屑．以之燒茶，焰活火勻，更為特別。他著松炭、雜炭、柴含煤等，不足以入工夫茶之爐矣。
四、茶具	1. 茶壺：俗名沖罐，以江蘇宜興朱砂泥製者為佳，其制肇於金山寺老僧……宜小不宜大，宜淺不宜深；其大小之分，更以飲茶人數定之，愛有二人罐、三人罐、四人罐之別。
	2. 蓋甌：形如仰鐘，而有上蓋，下置於墊，俗名茶船，本為宦家各位供客自斟之器，潮人也採用之。或者客多稍忙，故以之代沖罐，為其出水快也。
	3. 茶杯：以若深製者為佳，白地藍花底平口闊，杯背書若深珍藏四字。此外仍有精美小杯，徑不及寸，建窯白瓷製者，質薄如紙，色潔如玉。
	4. 茶洗：形如大碗，深淺式樣甚多，貴重窯產，價也昂貴。烹茶之家，必備三個：一正二副；正洗用以浸茶杯，副洗一以浸沖罐，一以儲茶渣暨杯盤棄水。

（續上表）

說明（按原文摘要）
5. 茶盤：宜寬宜平。寬則足容四杯，有圓如滿月者，有方如棋枰者。底欲其平，緣欲其淺。饒州官窯所產素瓷青花者為最佳，龍泉白定次之。
6. 茶墊：茶墊直徑約三寸，一般如盤小，用以置沖罐、承接滾湯。
7. 水瓶：貯水以備烹茶。瓶修頸垂肩，平底，有提柄，素瓷青花者佳、有一種形似蘿蔔塔，束頸有咀，飾以摘龍，名「螭龍樽」。
8. 水缽：多為瓷製，款式也多，置於茶床之上，用以貯水，多以椰瓢作為取水工具。
9. 龍缸：可容多量坑河水，托以木几。置之齋側。素瓷青花，氣色盎然。有宣德年製者，然不可多得。康乾間所產，亦足見重。
10. 紅泥小火爐：古用以溫酒，潮人則用以煮茶。高六、七寸；有一種高腳爐，高二尺餘，下半部有格，可盛欖核炭；通風束火，作業甚便。
11. 砂銚：俗名茶鍋仔。沙泉清冽，故銚必砂製。楓溪名手所作，輕巧可喜。或用鋼銚、錫銚、輕鐵者，終不免生金屬氣味，不可用。
12. 羽扇：用以煽爐。潮安金砂陳氏有自製羽扇，揀淨白鵝翎為之，其大如掌，竹柄絲繮，柄長二尺，形態精雅。又爐旁必附銅箸一對，以為鉗炭挑火之用，烹茗家所不可少。
13. 此外：茶罐錫盒，個數視所藏茶葉種類多寡而定，有多至數十個者，大小兼備。名貴之茶罐，須罐口緊閉。潮陽顏家所製錫器，有聞於時。又有茶巾，用以淨滌器皿。竹箸，用以箝挑茶渣。茶桌，用以擺設茶具。茶擔，可以裝貯茶器。春秋佳日，登山遊水，臨流漱石。林壑清幽。呼奚童，肩茶擔。席地烹茗，啜飲雲腴，有如羲皇仙境。「工夫茶」具，已盡於此。飲茶之家，必須一一畢具，方可稱為「工夫」。否則牛飲止渴，工夫茶云乎哉！（此外六項：銅箸、茶罐、錫盒、茶巾、竹箸、茶擔）

資料來源：饒宗頤總纂：《風俗志》，《潮州志》第八卷（潮州：潮州市地方誌辦公室按 1949 年版，2005 年重編），頁 3496-3497。

三：吳秋山〈功夫茶考〉考證十項

	説明（按原文摘要）
一、茶葉	功夫茶所用茶葉，大都是閩茶，尤以福建武夷茶為尚。
二、泉水	飲功夫茶者，以山水上，溪水中，井水下。擇水亦以輕清甘潔為尚，不得稍有泥滓。
三、炭火	烹茶必須採用堅炭，尤其要用枝炭，才能燃起活火；虛炭、暴炭、庖炭，尚不可用。
四、風爐	功夫茶所用風爐，大都為泥爐，以細白泥製成，形如截筒，高約一尺二、三寸。又有紅泥小火爐，爐口爐門都配有泥蓋，鐫有詩句。
五、陶壺	古人所用茶壺，多屬銀錫及閩豫瓷，至明代方尚宜興陶壺。功夫茶應用小壺，通常以一壺能注茶滿四甌為宜，但亦可視飲者人數多少，酌用稍大或較小之壺。也有不用茗壺，用蓋甌品茶，也能發真茶。
六、瓷甌	甌必須用瓷甌，通常以一盤四甌為度，視飲者多少，酌量增減。
七、盌盤	瓷盌二個，均圓形，大者作茶洗，貯泡過的茶葉和茶水。小者用以盛小陶壺，中置一棕墊以護壺。
八、瓦鐺、棕墊	鐺即水鍋，或稱銚，有紅色、鐵色、白色，一般以用紅色多。砂銚能益水，又較淳樸。棕墊用細棕，取其鬆軟，佳者用龍眼菇切片作墊，狀如蜂窩，多細洞，能漏水護壺，用絲瓜乾剪製作墊均可。
九、紙扇、竹夾	紙扇煽爐，竹夾取炭，講究者用羽扇、銅箸。
十、錫瓶、水甕	錫瓶或稱茶罐，作貯藏茶葉，可避風濕，保真味。通常扁腹小頸，作六角形。如上海和潮汕的白錫瓶，或有髹上茶褐色，形如截筒，大小成套。水甕（同「甕」），貯泉備烹茶用，宜大，忌新器，陶瓷製，通常狹口闊肩，作橢圓形，有用小龍缸或玻璃甕。不宜用木桶或鐵、鉛、鋁等金屬桶。

資料來源：吳秋山：〈功夫茶考〉，原文 1937 年初稿，1945 年 10 月訂正，1981 年發表於《福建茶葉》第 3、4 期。

四：黃賢庚〈武夷茶藝〉二十七道

	說明（按原文摘要）
恭請上座	客在上位，主人或侍茶者沏茶，把壺斟茶待客。
焚香靜氣	焚點檀香，造就幽靜、平和氣氛。
絲竹和鳴	低播古典音樂，使品茶者進入品茶的精神境界。
葉嘉酬賓	葉嘉酬賓即出示武夷岩茶給來賓觀賞。
活煮山泉	泡茶用山溪泉水為上，用活火煮到初沸為宜。
孟臣沐霖	燙洗茶壺。孟臣是明代紫砂壺製作家，後人喻名茶壺為孟臣壺。
烏龍入宮	烏龍茶放入紫砂壺內。
懸壺高沖	盛開水的長嘴壺提高沖水，高沖可使茶葉翻動。
春風拂面	壺蓋輕輕刮去表面白泡沫，使茶葉清新潔淨。
重洗仙顏	開水澆淋淨茶壺外表，又提高壺溫。「重洗仙顏」為武夷山一石刻。
若琛出浴	燙茶杯。若琛，清初人，以善製茶杯而出名，後人把名貴茶杯喻為若琛杯。
遊山玩水	茶壺底靠茶盤沿旋轉一圈，後在餐巾布上吸乾壺底茶水，防止滴入杯中。
關公巡城	依次來回往各杯斟茶水。
韓信點兵	壺中茶水剩下少許時，則往各杯點斟茶水。
三龍護鼎	用拇指、食指扶杯，中指頂杯，此法既穩當又雅觀。
鑒賞三色	認真觀看茶水在杯裏的上中下三種顏色。
喜聞幽香	嗅聞岩茶的香味。
初品奇茗	觀色、聞香後，開始品茶味。
再斟蘭芷	即斟第二道茶。「蘭芷」泛指岩茶，宋范仲淹詩有「鬥茶香兮薄蘭芷」之句。

（續上表）

品啜甘露	細緻地品嚐岩茶，「甘露」指岩茶。
三斟石乳	即斟三道茶。「石乳」為元代岩茶之名。
領略岩韻	即慢慢地領悟岩茶的韻味。
敬獻茶點	奉上品茶之點心，一般以鹹味為佳，因其不易掩蓋茶味。
自斟慢飲	即任客人自斟自飲，嚐用茶點，進一步領略情趣。
欣賞歌舞	茶歌舞大多取材於武夷山民的活動。三五朋友品茶則吟詩唱和。
遊龍戲水	選一條索緊致的乾茶放入杯中，斟滿茶水，仿若烏龍在戲水。
盡杯謝茶	起身喝盡杯中之茶，以謝山人栽製佳茗的恩典。

資料來源：黃賢庚：〈武夷茶藝〉，《農業考古》第 4 期（1995 年），頁 59-60。

五：「南洋溫潤泡法及廣式大壺悶泡法」十三式

	説明（按原文摘要）
滾泉	依明代茶人張源《茶錄》中所教，候水至「氣直沖貫」，需要候水至水中氣泡如連珠湧出，水蒸氣如鼓浪狀，達至水的高溫才沖泡。
鬆堆	六堡茶歷經陳化，常會結為茶塊，需淨手仔細分開茶葉。
淋漓	茶壺放茶船上，以沸水淋洗茶壺內外，藉沸水溫度通順壺之氣孔。與此同時，亦以沸水注遍茶杯內外，待備用。
揚乾	茶具洗妥後，在壺外注沸水，令壺內的水分烘乾，以便置茶後，茶葉在壺內不會沾濕，使異味鎖在茶葉之中。
置茶	用茶則慢慢將茶葉輕置入壺內。
蘇生	陳化的六堡茶，需經過醒茶，方法是把壺蓋打開，在壺口之下從壺外塗淋熱水，過程中水不能滲入壺中，用沸水為壺內茶葉進行高溫乾蒸，盡除雜味。
溫潤	六堡茶為發酵緊壓型，陳化過久或新陳化茶葉均有異味，要注水至滿溢，刮沫一次，並把第一泡茶湯倒掉，才可真正完成醒茶工序。
低沖	製茶湯時用最低力度注水入壺，令茶葉受到最小限度干擾。
均沾	為免壺有內外溫差，影響茶的品質，滿溢前，再沿壺外淋上沸水。
候湯	淋沸水後，待壺表的水乾透後，便可準備斟出。
細斟	斟茶時放鬆手腕關節，呈柔墜狀，以逆時鐘方向往內圈轉，可避免茶湯與杯面產生碰撞，低斟茶湯於各茶杯中。
懸壺	為令壺中餘湯能釋放乾淨，避免殘餘茶湯酸化下一泡茶，故會將茶壺反扣於茶盅口上；茶湯若無水悶質壞疑慮，可免此步驟。
請飲	出湯完畢，依尊長輩份請諸位慢享佳茗，請客品飲後自嚐一盞，判斷茶湯優劣。

資料來源：姚斌奕著：《南洋茶事之六堡航路》。此沖泡規程茶葉宜用廣西六堡茶。

六：非遺項目「中國製茶技藝及相關習俗」裏的相關茶俗

聯合國教科文組織（UNESCO）列為人類非物質文化遺產項目的「中國製茶技藝及相關習俗」，相關茶俗共六項。

公佈年份	習俗類別名稱	申報地區及保護單位
2008	茶藝（潮州工夫茶藝）	廣東省潮州市文化館，潮州市非物質文化遺產保護中心。
2008	廟會（趕茶場）	浙江省磐安縣文化館。
2011	民俗（徑山茶宴）	浙江省杭州市余杭區，徑山萬壽禪寺。
2014	茶俗（白族三道茶）	雲南省大理市，大理市非物質文化遺產保護管理所。
2021	廟會（花園遊會）	廣東省東莞市，茶山鎮文化廣播電視服務中心。
2021	茶俗（瑤族油茶習俗）	廣西壯族自治區，桂林市恭城瑤族自治縣油茶協會。

資料來源：中國非物質文化遺產保護協會官方網站，下載日期：2022 年 11 月 29 日。有關的製茶技藝共四十二項，相關茶俗共六項，詳見此網站。

七：楊智深「穆如功夫茶十一式」

楊智深為其「穆如茶學」寫有〈工夫茶概論〉一文，文內先講述工夫茶葉的「採」、「製」兩個過程耗費工夫；再道出小壺瀹茶「器」、「沖」的手藝功夫，説明沖茶注水乃掌茶剛柔的功夫。其後在另一文〈工夫茶口訣闡述〉中，詳列此沖茶注水功夫的口訣共十一式，內容有香港特色，現稱其口訣為楊智深「穆如功夫茶十一式」。

	口訣	説明（按原文摘要）
一、	淋壺	目的是提高茶壺的溫度，所以越貼近壺身，越是有效。
二、	納茶	將茶葉、茶角、茶末，分類收納在茶壺的不同角落。
三、	拍壺	以輕巧之力，效漩渦之勢，務求茶葉飛躍彈跳，在壺內形成秩序分明，層層交疊的效果。
四、	高沖	高沖的要求是，水流和壺身的距離需要十公分以上，甚至達到二十公分。水流要求細注，垂直環繞，由外至內，三圈為止。
五、	刮沫	刮沫是手持壺蓋，由外到裏的將泡沫刮走。
六、	頂蓋	對投茶量的一個審核，第一次注水後，要求茶葉要將壺蓋頂起。
七、	燙杯	燙杯是提高杯子溫度，目的是保持茶香的持久。
八、	低斟	要求緊貼杯子斟茶，這樣茶湯不會受到空氣干擾。
九、	關羽巡城	茶壺不停的順着一個方向，迅速並輪流在杯子斟茶。
十、	韓信點兵	點兵時滴的是茶中汁液，務求壺中所有的茶湯點滴都盡。
十一、	上不見泡，下不見末	這是最後驗收成敗的口訣，湯上有氣泡，證明低斟工夫未夠圓熟。杯底見末，證明壺中的茶葉佈置肯定散亂不成格局。出現這種情況，這泡茶湯便是失敗。

資料來源：楊智深：〈工夫茶口訣闡述〉，詳見《茶雜誌》（台北：華藝文化事業有限公司，2019 年），頁 149。

八：蔡漢武「新時代工夫茶」四則

工夫茶民俗的本義是和敬雅樂，本義、茶具、工序、情理合稱新時代工夫茶四則。茶具的選用和配置，是參考中國茶葉學會團體標準《潮州工夫茶藝技術規程》內的數值；沖泡工序來自中國非物質文化遺產「潮州工夫茶藝」內傳統程式的精要。當中茶具、工序兩則合成的工夫瀹茶法，適用於沖泡我國六大茶類。

「新時代工夫茶」內涵	
一、本義	和敬雅樂、精行意會。
二、茶具	一壺、二盤、三杯。 壺小、杯白、茶熱。
三、工序	沸水、熱壺、納葉、 溫杯、高沖、理沫、 淋壺、低巡、滴茶、 請茶、品韻、細嚐。
四、情理	請茶賓客、喜悅融和。 天倫共飲、尊長謙敬。 怡情品茗、意閑簡雅。 以茶會友、茶香眾樂。

工夫瀹茶法實例：選用 120 毫升容量的傳統水平壺，配 30 毫升容量的撇口白瓷杯三個，按喜好選茶類，納茶葉 5 克。先溫壺及潤茶，注 60 毫升熱水入壺後，宜快或即出壺內茶湯。一壺配置三杯，是便於調控各杯內茶湯的濃淡，和利於品鑑。此黃金比例的數值，適當調節瀹茶時間或葉水用量，便可沖泡出合適的個人風味。如因應人數，可權宜選用壺的大小和杯的數量。此外，留意注熱水時的水溫，以適應不同的茶類。

茶具配置和數值參考：瀹茶選用砂礦壺與瓷蓋碗均可，容量 90 至 150 毫升。品茗宜用瓷杯，容量 25 至 35 毫升。煮水擇用傳統小風爐（生火材料用堅炭、欖核炭）；或選用小型遠紅外線爐、電陶爐等亦可。葉水比例為 1/12 至 1/16（g/ml），按個人風味選擇份量。[6]

6 葉漢鍾、王岳飛等主編：《潮州工夫茶藝技術規程》，收入中國茶葉學會團體標準（T / CTSS 5-2019），2019 年 12 月 18 日發佈，見 4-5 項。

參考文獻

一、古籍文獻

〔西漢〕王褒：〈僮約〉，《王諫議集》（上海：掃葉山房，1917 年）。

〔唐〕封演：《封氏聞見記》（北京：中華書局，1985 年）。

〔宋〕趙佶：《大觀茶論》（北京：中華書局，2013 年）。

〔宋〕蔡襄：《茶錄》（台北：商務印書館，1936 年）。

〔元〕王禎，王毓瑚校：《王禎農書》（北京：農業出版社，1981 年）。

〔明〕沈德符：《萬曆野獲編》（北京：華雅士書店，2002 年）。

〔明〕周亮工著，來新夏校點：《閩小記》（福州：福建人民出版社，1985 年）。

〔明〕徐光啟，石聲漢校注：《農政全書校注》（上海：上海古籍出版社，1979 年）。

〔清〕《康熙字典》（香港：中華書局，1958 年）。

〔清〕王念孫：《廣雅疏證》（合肥：安徽教育出版社，2002 年）。

〔清〕俞蛟著，駱寶善校點：《夢庵雜著》（上海：上海古籍出版社，1988 年）

〔清〕施鴻保：《閩雜記》刻印本，資料來源：哈佛漢和圖書館。

〔清〕段玉裁注：《説文解字注》（台北：百齡出版社，1976 年刻本影印）。

〔清〕徐珂：《清稗類鈔》（北京：商務印書館，1917 年），第 47 冊。

〔清〕翁輝東、黃人雄編：《海陽縣鄉土志》，1908 年。

〔清〕郭柏蒼編：《閩產錄異》（長沙：嶽麓書社，1986 年）。

〔清〕陸廷燦：《續茶經》，《文淵閣四庫全書》，冊 844（上海：上海古籍出版社，1987 年）。

〔清〕劉埥：《片刻餘閑集》，載陳支平主編：《台灣文獻匯刊》（北京：九州出版社；廈門：廈門大學出版社，2004 年）。

〔清〕蔡伯龍：《官音彙解》（霞漳顏錦華藏板，乾隆初年），資料來源：日本關西大學圖書館，文本流通於約 1748 年。

〔清〕顧祖禹著，賀次君、施和金點校：《讀史方輿紀要》（北京：中華書局、2005 年）。

〔清〕俞蛟：〈潮嘉風月記〉，載《叢書集成續編》（台北：新文豐出版公司，1988 年），第 212 冊，頁 4-10。

二、古籍選輯、校注及校證等文獻（按書籍出版年份順序）

胡山源編：《古今茶事》（上海：世界書局，1941 年）。

陳祖槼、朱自振：《中國茶葉歷史資料選輯》（北京：農業出版社，1981 年）。

吳覺農編：《中國地方誌茶葉歷史資料選輯》（北京：農業出版社，1990 年）。

鄭培凱、朱自振主編：《中國歷代茶書匯編校注本》（香港：商務印書館，2007 年）。

方健匯編校證：《中國茶書全集校證》（鄭州：中州古籍出版社，2015 年）。

三、茶器與茶事文獻、書籍

〔日〕木村孔陽等：《賣茶翁茶器圖（外三種）》（杭州：浙江人民美術出版社，2015 年）。

〔明〕周高起：《陽羨茗壺系》，載鄭培凱、朱自振編：《中國歷代茶書匯編校注本》（香港：商務印書館，2007 年）。

〔清〕吳騫：《陽羨名陶錄》，載鄭培凱、朱自振編：《中國歷代茶書匯編校注本》（香港：商務印書館，2007 年）。

《中國古代陶瓷文獻輯錄》（北京：全國圖書館文獻縮微複製中心，2003 年）。

白雲翔：《先秦兩漢鐵器的考古學研究》（北京：科學出版社，2005 年）。

廖寶秀：《歷代茶器與茶事》（北京：故宮出版社，2017 年）。

雒長安編：《法門寺與地宮文物》（西安：陝西人民出版社，1988 年）。

劉錫朋編繪：《中國歷代日用器皿圖集》（天津：天津楊柳青畫社，1990 年）。

四、近現代中文書籍

《潮安今昔》（潮州：潮安縣文聯，2006 年），頁 19。

人力資源和社會保障部教材辦公室編：《中國潮州工夫茶藝師》（北京：中國人事出版社，2018 年）。

中華人民共和國中央人民政府：《國務院關於公佈第二批國家級非物質文化遺產名錄和第一批國家級非物質文化遺產擴展項目名錄的通知》，2008 年 6 月 14 日。

吳秋山：《功夫茶考》（香港：海峽兩岸文化協會，2012 年）。
吳智和：《明人飲茶生活文化》（宜蘭：明史研究小組，1996 年）。
吳覺農、胡浩川：《中國茶業復興計劃》（上海：商務印書館，1935 年）。
吳覺農主編、中國茶葉研究社翻譯：《茶葉全書》（上海：中國茶葉研究社翻譯，1949 年）。
吳覺農主編：《茶經述評》（北京：中國農業出版社，2005 年）。
宋時磊：《唐代茶史研究》（北京：中國社會科學出版社，2018 年）。
林雪虹：《香江茶事》（香港：中華書局，2019 年）。
林楚生、林佳藍、林雅斯：《潮汕工夫茶文化傳承課程》（汕頭：汕頭大學出版社，2014 年）。
姚斌奕：《南洋茶事：一段南洋工夫茶與在地茶文化的印記之旅》（吉隆坡：唐藝軒文化企業，2017 年）。
姚斌奕：《南洋茶事之六堡航路》（吉隆坡：唐藝軒文化企業，2018 年）。
姚斌奕：《烏龍過番》（吉隆坡：唐藝軒文化，2019 年）。
翁輝東：〈潮州茶經．工夫茶〉，載潮安縣政協文史委員會編：《潮安文史》創刊號，1996 年 12 月。
馬士著，區宗華譯：《東印度公司對華貿易編年史》（廣州：中山大學出版社，1991 年）。
高丙中：《民俗文化與民俗生活》（北京：中國社會科學出版社，1994 年）。
張宏庸編：《台灣傳統茶藝文化》（台北：國立傳統藝術中心，1999 年）。
曹雪芹著，吳銘恩校：《紅樓夢脂評匯校本》（北京：清華大學出版社，2020 年）。
莊晚芳等編：《中國名茶．武夷岩茶》（杭州：浙江人民出版社，1979 年）。
連橫：《雅堂文集》（台北：台灣銀行經濟研究室，1964 年）。
陳宗懋主編：《中國茶經》（上海：上海文化出版社，1992 年）。
陳香白、陳叔麟：《潮州工夫茶》（台北：黃山國際出版社有限公司，2017 年）。
陳香白：《中國茶文化》（太原：山西人民出版社，1998 年）。

陳琪編：《中國參與巴那馬太平洋博覽會記實》（出版地不詳，1917年）。

陸爾奎等編：《辭源》（上海：商務印書館，1927年）。

傅樹勤、歐陽勛：《陸羽茶經譯注》（湖北：湖北人民出版社，1983年）。

曾楚楠、葉漢鍾：《潮州工夫茶話》（廣州：暨南大學出版社，2011年）。

黃仲先：《中國古代茶文化研究》（北京：科學出版社，2010年）。

黃怡嘉：《台灣茶事》（台北：盈記唐人工藝出版社，2017年）。

黃挺：《潮汕文化源流》（廣州：廣東高等教育出版社，1997年）。

黃賢庚：〈當代多彩的品茶藝術〉，《武夷茶說》（福州：福建人民出版社，2009年），頁78-83。

楊儒賓、祝平次編：《儒學的氣論與工夫論》（上海：華東師範大學出版社，2008年）。

劉昭瑞：《中國古代飲茶藝術》（台北：博遠圖書出版社，1989年）。

劉漢介編：《中國茶藝》（台北：曉群出版社，1973年）。

滕軍：《中日茶文化交流史》（北京：北京人民出版社，2004年）。

賴連三著，李龍潛點校：《香港紀略（外二種）》（廣州：暨南大學出版社，1997年）。

羅竹風主編：《漢語大詞典》（香港：三聯書店；上海：漢語大詞典出版社，1988年）。

饒宗頤總纂：《潮州志》（潮州：潮州市地方誌辦公室，2005年）。

五、期刊、雜誌、論文

丁以壽：〈中國飲茶法源流考〉，《農業考古》第2期（1999年），頁120-125。

王喆：〈民俗視角下潮州工夫茶的變遷與傳承研究〉，《中國民族博覽》第2卷，第3期（2021年）。

何健生：〈從歷史發展看台灣工夫茶文化的演變〉，《茶藝》第60期（2016年）。

余悦、周春蘭：〈中國宋代茶文化的繁榮與特色〉，《農業考古》第2期（2007年），頁22-26。

吳秋山：〈功夫茶考〉，《福建茶葉》第3、4期（1981年）。

岩本通彌：〈作為方法的記憶 —— 民俗學研究中「記憶」概念的有效性〉，《文化遺產》第 4 期（2010 年）。

馬曉俐、沈生榮：〈試論唐代四大茶文化圈的積極影響及意義〉，《中國茶葉加工》第 3 期（2005 年），頁 48-51。

高樂：〈專訪茶行第五代主人王守忠 —— 幾代人的堅守百年的曉陽茶行〉，《茶雜誌》第 27 期（2019 年），頁 111-112。

張冬怡：〈穆如茶學茶人 —— 香港工夫茶的過去和現在〉，《茶雜誌》第 27 期（2019 年），頁 145-146。

陳伊妮、范勁松：〈潮汕工夫茶茶具概況及其設計建議〉，《設計》第 7 期（2016 年）。

黃賢庚：〈「工夫茶」與「功夫茶」的區別〉，《福建茶葉》第 3 期（2005 年），頁 74-75。

黃賢庚：〈武夷茶藝〉，《農業考古》第 4 期（1995 年），頁 59-60。

廖紫均：〈台灣的茶席與茶藝〉，《國立自然科學博物館館訊》第 305 期（2013 年）。

趙世瑜：〈傳承與記憶：民俗學的學科本位 —— 關於「民俗學何以安身立命」問題的對話〉，《民俗研究》第 2 期（2011 年），頁 7-20。

劉漢介：〈工夫茶說〉，《春水人》第 6 期（2017 年），頁 2-3。

《茶雜誌》，第 18、19、21 期（2017-2018 年）。

《茶藝》，第 70 期（2019 年）。

六、英文書籍及論文

Bret Hinsch, *The Rise of Tea Culture in China: The Invention of the Individual* (Lanham: Rowman & Littlefield Publishers, 2015).

Census and Statistics Department, *Hong Kong Population and Housing Census 1971 Main Report* (Hong Kong: Government Printer, 1972).

James A. Benn, *Tea in China: A Religious and Cultural History* (Hong Kong: Hong Kong University Press, 2015).

Johann Gottfried Herder, *J. G. Herder on Social and Political Culture* (London: Cambridge University Press, 1969).

John C. Evans, *Tea in China: The History of China's National Drink* (Connecticut: Praeger Publishers, 1992).

William H. Ukers, *All About Tea* (New York: The Tea and Coffee Trade Journal Company, 1935)。本外文書中文譯本：中國茶葉研究社翻譯，吳覺農主編：《茶葉全書》（上海：中國茶葉研究社，1949 年）。

七、網站資料

中國非物質文化遺產保護中心 ，https://www.ihchina.cn。

「Congou」，維基百科（英文版），2023 年 9 月 30 日，引自：https://en.wikipedia.org/wiki/Congou，原文最後編輯日期：2023 年 8 月 17 日。

「Gongfu tea」，維基百科（英文版），2023 年 9 月 30 日，引自：https://en.wikipedia.org/wiki/Gongfu_tea，原文最後編輯日期：2023 年 9 月 6 日。

「Kung Fu Ch'a」，維基百科（英文版），2023 年 9 月 30 日，引自：https://en.wikipedia.org/w/index.php?title=Kung_Fu_Ch%27a&redirect=no，原文最後編輯日期：2023 年 9 月 7 日。

〈香港郵政發行「香港茗藝」特別郵票〉，香港政府資訊中心：《新聞公報》，2001 年 8 月 17 日，引自 https://www.info.gov.hk/gia/general/200108/17/0817097.htm。

〈特 483 台灣茶藝郵票〉，台灣中華郵政，2006 年 1 月 6 日，引自：https://www.post.gov.tw/post/internet/W_stamphouse/index.jsp?ID=2803&file_name=D483.

民俗探源

蔡漢武 著

責任編輯 白靜薇

裝幀設計 簡雋盈

排　　版 簡雋盈

印　　務 劉漢舉

出版
中華書局（香港）有限公司
香港北角英皇道 499 號北角工業大廈 1 樓 B
電話：（852）2137 2338
傳真：（852）2713 8202
電子郵件：info@chunghwabook.com.hk
網址：http://www.chunghwabook.com.hk

發行
香港聯合書刊物流有限公司
香港新界荃灣德士古道 220 - 248 號
荃灣工業中心 16 樓
電話：（852）2150 2100
傳真：（852）2407 3062
電子郵件： info@suplogistics.com.hk

版次
2023 年 11 月初版
2024 年 8 月第二次印刷

規格
16 開（230mm x 155mm）

ISBN
978-988-8860-83-8